U0085920

世界哲學家叢書

中 江 兆 民

畢 小 輝 著

1999

東 大 圖 書 公 司 印 行

國家圖書館出版品預行編目資料

中江兆民／畢小輝著.--初版.--臺北
市：東大，民88
　　面；　公分.--（世界哲學家叢書）
參考書目：面
ISBN 957-19-2255-2（精裝）
ISBN 957-19-2256-0（平裝）

1.中江兆民-學術思想-哲學

131.9　　　　　　　　　　87017707

網際網路位址　http://www.sanmin.com.tw

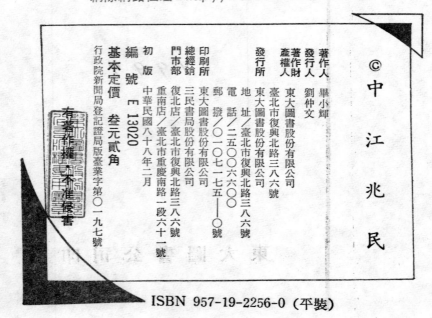

© 中江兆民

著作人　畢小輝
發行人　劉仲文
產權財著作　東大圖書股份有限公司
發行所　東大圖書股份有限公司
　　　　臺北市復興北路三八六號
地址／臺北市復興北路三八六號
電話／二五○○六六○○
郵撥／○一○七一七五──○號
印刷所　東大圖書股份有限公司
總經銷　三民書局股份有限公司
門市部　復北店／臺北市復興北路三八六號
　　　　重南店／臺北市重慶南路一段六十一號
初版　中華民國八十八年二月
編號　E 13020
基本定價　叁元貳角
行政院新聞局登記證局版臺業字第○一九七號

有著作權·不准侵害

ISBN 957-19-2256-0（平裝）

「世界哲學家叢書」總序

　　本叢書的出版計畫原先出於三民書局董事長劉振強先生多年來的構想，曾先向政通提出，並希望我們兩人共同負責主編工作。一九八四年二月底，偉勳應邀訪問香港中文大學哲學系，三月中旬順道來臺，即與政通拜訪劉先生，在三民書局二樓辦公室商談有關叢書出版的初步計畫。我們十分贊同劉先生的構想，認為此套叢書（預計百冊以上）如能順利完成，當是學術文化出版事業的一大創舉與突破，也就當場答應劉先生的誠懇邀請，共同擔任叢書主編。兩人私下也為叢書的計畫討論多次，擬定了「撰稿細則」，以求各書可循的統一規格，尤其在內容上特別要求各書必須包括（1）原哲學思想家的生平；（2）時代背景與社會環境；（3）思想傳承與改造；（4）思想特徵及其獨創性；（5）歷史地位；（6）對後世的影響（包括歷代對他的評價），以及（7）思想的現代意義。

　　作為叢書主編，我們都了解到，以目前極有限的財源、人力與時間，要去完成多達三、四百冊的大規模而齊全的叢書，根本是不可能的事。光就人力一點來說，少數教授學者由於個人的某些困難（如筆債太多之類），不克參加；因此我們曾對較有餘力的簽約作者，暗示過繼續邀請他們多撰一兩本書的可能性。遺憾的是，此刻在政治上整個中國仍然處於「一分為二」的艱苦狀態，加上馬列教

條的種種限制，我們不可能邀請大陸學者參與撰寫工作。不過到目前為止，我們已經獲得八十位以上海內外的學者精英全力支持，包括臺灣、香港、新加坡、澳洲、美國、西德與加拿大七個地區；難得的是，更包括了日本與大韓民國好多位名流學者加入叢書作者的陣容，增加不少叢書的國際光彩。韓國的國際退溪學會也在定期月刊《退溪學界消息》鄭重推薦叢書兩次，我們藉此機會表示謝意。

原則上，本叢書應該包括古今中外所有著名的哲學思想家，但是除了財源問題之外也有人才不足的實際困難。就西方哲學來說，一大半作者的專長與興趣都集中在現代哲學部門，反映著我們在近代哲學的專門人才不太充足。再就東方哲學而言，印度哲學部門很難找到適當的專家與作者；至於貫穿整個亞洲思想文化的佛教部門，在中、韓兩國的佛教思想家方面雖有十位左右的作者參加，日本佛教與印度佛教方面卻仍近乎空白。人才與作者最多的是在儒家思想家這個部門，包括中、韓、日三國的儒學發展在內，最能令人滿意。總之，我們尋找叢書作者所遭遇到的這些困難，對於我們有一學術研究的重要啟示（或不如說是警號）：我們在印度思想、日本佛教以及西方哲學方面至今仍無高度的研究成果，我們必須早日設法彌補這些方面的人才缺失，以便提高我們的學術水平。相比之下，鄰邦日本一百多年來已造就了東西方哲學幾乎每一部門的專家學者，足資借鏡，有待我們迎頭趕上。

以儒、道、佛三家為主的中國哲學，可以說是傳統中國思想與文化的本有根基，有待我們經過一番批判的繼承與創造的發展，重新提高它在世界哲學應有的地位。為了解決此一時代課題，我們實有必要重新比較中國哲學與（包括西方與日、韓、印等東方國家在內的）外國哲學的優劣長短，從中設法開闢一條合乎未來中國所需

求的哲學理路。我們衷心盼望，本叢書將有助於讀者對此時代課題的深切關注與反思，且有助於中外哲學之間更進一步的交流與會通。

最後，我們應該強調，中國目前雖仍處於「一分為二」的政治局面，但是海峽兩岸的每一知識分子都應具有「文化中國」的共識共認，為了祖國傳統思想與文化的繼往開來承擔一分責任，這也是我們主編「世界哲學家叢書」的一大旨趣。

傅偉勳　韋政通

一九八六年五月四日

白　序

　　小輝君所著《中江兆民》一書，是《世界哲學家叢書》中的一本研究日本近代哲學家——中江兆民生平及其思想的學術性專著。中江兆民有一句名言：「我們日本從古至今，一直沒有哲學」。其真正的意思是在於號召和喚醒日本民眾和東方各民族要重視科學的思維方法，重視哲學的指導作用，只有這樣才能跟上時代前進的步伐，從而使一個暫時落後而弱小的民族也能盡早躋身於世界強國之林，也能趕上甚至超過西方列強。為此，中江兆民早在 100 年前就大力提倡要講求實事求是的唯物主義無神論的科學思維方法，以反對和對抗各種宗教迷信和唯心主義。同時，他還極力主張自由平等，主權在民的民主主義思想，以對抗和反對日本天皇專制政府的野蠻統治。雖然說兆民的民主主義在日本已經部份地實現了，但仍有許多不盡如人意之處，因此有必要在研究兆民思想理論的基礎之上，繼續提倡和發揚中江兆民理論中的科學和民主主義的思想精華，小輝君的這本著作定會對此有所補益和啟發。

　　我同小輝君是多年的學友和至交，他為人忠厚、耿直、無私而直誠，對於他不辭勞苦精心撰寫此書，為中日兩國的文化交流，為海峽兩岸的學術交流，為人類共同的和平和發展事業所做出的貢獻，

我表示由衷的喜悅，並寫了如上的話，以代此書的序言。

註：白欽先教授是國務院學位委員會經濟學科評議組成員，遼寧大學國際金融研究所所長，遼寧
　　大學國際金融專業博士研究生導師。

白欽先

1998年11月20日於遼寧大學

自　序

　　中江兆民是日本明治時期的唯物主義無神論的哲學家，同時也是日本著名的自由民權運動的理論家，民主主義者，號稱「東洋的盧梭」，有人還稱他為「明治奇人」。他的哲學思想和社會政治思想基本上屬於十八世紀法國戰鬥的唯物主義無神論和激進的民主主義的類型。但是由於他生活在十九世紀的中後期，即處於日本歷史急劇變革的明治時期，其思想的形成和發展同當時的世界歷史條件以及當時日本的社會、歷史和思想文化界的狀況都有著緊密的有機聯繫，並且同他本人所受的東西方思想文化薰陶也有著密切的聯繫，它是在兆民本人經歷了艱難曲折的人生道路，在逐步摸索中才能形成的，因此它又具有日本型近代哲學的特點。這種哲學，用他自己的話說，就叫做「中江主義」。我們又不能把它完全簡單地等同於十八世紀的法國唯物主義和民主主義的哲學理論。早在1928年日本的學者佐野學❶就認為中江兆民是「明治年代光輝的唯物主義者」。並且評價說：「中江兆民是一位唯物主義無神論者，資產階級發展時期的思想家，在明治思想史上有著極為特殊的地位。」❷這一評語正

---

❶ 佐野學，日本近代社會活動家，1892–1953。

❷ 《明治文化全集》中《佐野學集》唯物論無神論一節，吉野作造主編，日本評論社出版，1930。

確地指明了他的哲學思想理論的性質以及它在日本近代哲學思想史上的重要地位，這也是目前公認的看法。但是當代著名的日本哲學家和哲學史家桑原武夫在他於1966年主編的《中江兆民研究》一書的第一章「兆民其人」的開頭就十分明確地指出：「兆民，中江篤助作為一個人，具有什麼樣的特殊人格，這是我們需要十分努力把握的。」他又說：「兆民作為一位在明治時期具有獨創性的思想家，自由民權運動的理論指導者，不用說，對他所展示給我們的思想和行動加以研討和評價當然是十分重要的。」❸這就是說，我們在評價和研究中江兆民的時候，不僅要研究他的思想言行中的一般性、普遍性的問題，而更重要的是把研究的注意力集中在對他的思想的獨創性、特殊性，深層思想的探討與挖掘上面。即把他作為一個活生生的人，作為一個有血有肉的偉大思想家來理解認識，以克服在哲學史的研究中抽象化、簡單化的傾向，這是筆者在寫此書的一個重要宗旨。

另外，在我寫此自序之時，特請我的學友和朋友，遼寧大學的白欽先教授賜序，在此深表謝意。

畢小輝
1998年11月於瀋陽

---

❸　《中江兆民研究》，桑原武夫主編，第1頁，岩波書店，1966。

中江兆民

目　次

第一章　生平活動

第一節　青少年時代

一、生活環境

　　中江兆民本名篤助，後改名篤介，1847年11月1日（另一說10月1日）生於日本四國島，土佐藩高知城下新町。現在的高知縣在日本算不上是一個富裕的地方，但是在幕末明治初期土佐藩可是一個商品經濟發達的地方，在海上它與大阪遙相互映，隔海相望，處於非常有利於通商的地理位置。在這一時期在土佐藩出現了許多聞名於全日本的大人物，像吉田東洋❶、武市半平太❷、坂本龍馬❸、中岡慎太郎❹、坂垣退之助❺、馬場辰豬❻、植木枝盛❼、幸德秋

❶　吉田東洋，幕末勤王倒幕志士，1816–1863。
❷　武市半平太，幕末勤王黨首領，1829–1865。
❸　坂本龍馬，幕末勤王倒幕政治家，1835–1867。
❹　中岡慎太郎，幕末勤王倒幕志士，1838–1867。
❺　坂垣退之助，明治民權運動政治家，1837–1919。
❻　馬場辰豬，明治民權運動政治家，1850–1888。
❼　植木枝盛，明治時期政治家、思想家、哲學家，1857–1892。

水❽等人。其中同當時的自由民權運動和思想有關係的人物，同土佐勤王倒幕組織有著聯繫的人物都很活躍。這是因為這裏不僅在經濟上發達，具有新興資本主義的先進性，而且外來的文化影響很大，文明開化的空氣很濃厚。例如當時在土佐的吉田東洋一邊學習顧炎武❾的著作，同時還看在上海發行的歐化報紙《中外新報》，一邊又學習西洋的語言和醫學，自覺接受外來的先進思想文化的陶冶。又例如中浜萬次郎❿因乘渡難船偶然到了美國，回國後成了幕末的外國通。還有具有改革開放進步思想的坂本龍馬，早在幕末就開辦了採用西洋教學內容和方式的新式學校。雖然日本各藩也都辦了藩校，但土佐辦的藩校最早、最積極，開始時叫「文武館」， 中江兆民一開始上學就在這種新式學校學習。總而言之，土佐藩的下層武士政治意識和政治自覺性在那時是比較高的，明治維新的改革運動中的一大批重要的指導者和推動者，都出身於土佐，肥前，長州，薩摩這四個支持改革的藩國之中，而中江兆民的出生地和青少年時代的成長地恰恰就是在這種環境中，深受其影響和熏陶也就毫不奇怪了。

二、家庭

在 1945 年以前，人們對中江兆民的出身和家庭關係知道得很少。祇知道他出身於下級武士的家庭，此外則一無所知。戰後根據平尾道雄的發現與研究，我們知道了不少新的情況。其中一個重要的發現就是平尾找到了在明治維新以後，廢藩置縣以前，土佐藩當局製作保留的《土佐御侍中先祖書系圖牒》共 478 卷，現在收藏在

---

❽ 幸德秋水，明治時期政治家、思想家、哲學家，1871–1911。

❾ 顧炎武，中國明清時代思想家、哲學家，1613–1682。

❿ 中浜萬次郎，幕末明治時期著名學者、教授。

高知縣立圖書館中，其中在《他支配・年譜根居帳・上席十九》中明確的記載著關於中江家族的一些情況。根據這個資料來看，中江兆民的祖先可以追溯到他的曾祖父中江傳作。傳作1766年生，世襲下級武士中的第五等級足輕。工作相當於村公所裏的文書、治安警察之類，享受的待遇是年俸祿米四石，任職53年，於1819年去世。經過祖父克次，到父親為七都是下級武士。祖父曾任過炮術技術指導的職務，在當時祇有高智能的人才能擔當這樣的職務。父親還用過卓介、元助、十助等名字。按當時的慣例一般武士家庭除了俸祿收入以外還多少有一些田地。從1836年起父親元助長年在江戶外地工作，很少回家，所以兆民從小就是由母親帶養大的。父親1855年回到高知任職，1859年去世，這時中江兆民才13歲。母親柳子根據上述的資料所記載，她是1824年生，是土佐郡大洋村武士青銀七的二女兒，是一位日本封建時代典型的賢妻良母，她對兆民的性格形成影響很大。

三、少年時代

中江兆民的幼名叫「竹馬」，成年後取名叫「篤介」、「篤助」，其中「篤」是由「竹馬」兩字組成，而「介」和「助」，則按當時習慣取之於父名的一個字組成。後來他還用過青陵、秋水、南海仙漁、木強生、南海漁翁、火番翁等字號和筆名。但是他一生中最喜歡用的是「兆民」這個名字，因它按漢字的本意是指「億兆之民」的意思，他想以此來表達自己所懷有的民主民權的思想和志向。

1859年，他父親去世後，全家搬到了山田町68號。這時他繼承了父親的武士身份，享受四石五斗的俸祿，名義上他成了全家的主人。這從上述的戶籍資料中看得很清楚，祇是實際上全家人的生計

要依靠母親柳子做工織布來維持。母親善於持家理財，雖說家庭生活不算富裕，但母親還是精心教育培養他們做人成才的，這大概是她認為兆民和他的弟弟都是出身於有身份的武士家庭，所以應格外精心培養呵護他們吧！在這個三口之家中，沒有嚴父族長式的權威的壓制，祇有深情的母愛，所以在中江內心人格成長上是比較自由而富於幻想的，這對他日後能提出有獨創性的理論和思想觀點是有重要意義的。在少年時代兆民缺乏作為武士之子和男子漢所應有的勇猛之氣。後來柳母對兆民的門生幸德秋水所說的話，是十分耐人回味的。柳母說：「篤介小時，溫順得像一個女孩子，非常聰明好學，經常受到鄰里鄉親們的誇獎。而現今他酗酒放縱無所不至，性格變化之大怎麼會到這種地步，真是令人痛心不已啊！」⑪但是，在這裏筆者認為這與其說是兆民的性格真的有這麼大的變化，其不如說，他在青少年時代嚮往自由富於幻想的性格等到了成年以後才真正的完全發泄出來了，這在某種意義上使人感到有象徵著他的整個人生旅途的意義。從他的行為中可以看出其中包含著某種獨創性和嚮往自由的情緒。但是，僅從外表來看他是孤獨的，性格有內向的一面。當時正值德川幕府末期，各地不時發生人民奮起倒幕的活動。這些不能不對像兆民這樣聰明早熟的孩子有深刻的影響。據說，他在少年時期曾爬到牆頭上親眼目睹過著名的倒幕志士平井收二郎等三人，被幕府當政者關押處決的場面。

四、好學不倦的青年

　　1863年，他16歲左右就到當時著名的藩校文武館去學習。這個

---

⑪　《兆民先生·兆民先生行狀記》，幸德秋水著，第8頁，岩波書店，岩波文庫本，1960。

學校的開設是文明開化主義者吉田東洋的功勞。雖然在江戶早就有了傳授西方外來文化的機構「藩書調所」，但在地方藩校中重視洋學，教授英語和荷蘭語的，還數土佐藩校為最早。這個文武館不久就改名叫「致道館」，但新館開學第三天，即4月8日，吉田東洋就被暗殺了。

在這個以洋學為中心的藩校，「致道館」的教師要首推細川次郎了。他受到在鴉片戰爭中船堅炮利的英國打敗大清帝國割地賠款的刺激後有志於洋學。在江戶他跟高島秋帆⓬學習西洋炮術，向中浜萬次郎學習英語，幕府把他調到藩書調所，在剛回國的吉田東洋領導下進行土佐的法律改革，並在致道館中教學。就在這時，他教過兆民荷蘭語，對兆民有志於洋學起了決定性的影響作用。中江兆民開始時主要是學習一些漢學基礎性課程。其中有《四書》、《五經》、《小學》、《近思錄》、《蒙求》、《二十八史略》、《八家文》、《史記》、《左傳》、《諸子》等。他酷愛《莊子》、《碧岩集》和《史記》。據說他對《史記》和《碧岩集》中的許多精彩部分幾乎能全文背誦下來。同時，他還找課餘時間到奧宮造齋老師家中去學習陽明學，聽過《陽明全集》和《傳習錄》等課程。

1864年，兆民拜荻原三圭、細川次郎為老師學習荷蘭語，又拜中浜萬次郎為老師學習英語，他在這些具有新思潮的老師的引導和影響下，開始把自己的注意力和興趣轉移到歐美外來文化，即所謂新興之學「洋學」方面來了，因此而開闊了他的眼界，活躍了他的思想。

1865年，他經細川次郎的推薦以土佐藩留學生的身份第一次離開了自己的家鄉到通商港口長崎去學習法蘭西語。老師是當時很有

⓬　高島秋帆，幕末西洋炮術專家，1798–1866。

名氣的平井義十郎，大約學習了二年多。在這期間，他還會見了著名的開明的改革主義者坂本馬龍。在他20歲左右的時候，可以說貫串於他全部生活道路和文筆活動的東西方兩種思想文化體系已經初步形成了。一個是以法蘭西語知識為主體的歐美文化知識體系，一個是以中國儒學和老莊哲學為主體的東方文化知識體系，這對他後來的思想形成和發展，對於深入理解把握他的思想理論的獨創特色，都是有著十分重要的意義的。

1867年，由於同鄉又是長者的岩崎彌太郎❸和後滕象二郎❹的資助，他得到了去東京學習深造的機會，曾進當時日本法蘭西語學的最高權威村上英俊在深川辦的「達理堂」學習法蘭西學。但是由於他本人放蕩，且迷戀於三味弦等過失，不久被開除了學籍。後來他又到過基督教新教會的一個外國神父特里克那裏學習了一段時間的法語。同年12月在兵庫開港之際他當上了法國公使雷昂・羅歇的翻譯官，經常往返於大阪和兵庫之間，法語得到了迅速的進步。

1868年，明治維新以後，他21歲時，進了箕作麟祥❺在東京開設的私塾學習。從這時起，他開始對哲學產生了強烈的興趣，並著手翻譯歐洲的哲學著作。此後，他從來沒有放棄過對哲學問題的研究。為了找到恰當的譯詞以便更準確地翻譯歐洲哲學著作，他還有目的地學習了佛教經典。

1867年，他到福地源一郎❻在湯島開設的私塾「日新社」學習法蘭西語，並當上了塾頭，大致上相當於現在的大專院校所稱的班

---

❸　岩崎彌太郎，明治初期實業家，三菱財團創始人，1834–1885。
❹　後滕象二郎，幕末、明治時期民權運動的政治家，1838–1897。
❺　箕作麟祥，明治時期教育家、法律學家，1846–1897。
❻　福地源一郎，明治時期教育家、著名作家，1841–1906。

長兼輔導員的職務。1870 年他還當過一時南校（東京大學的前身）的大得業生，大致相當於現在所稱的大學助教，講過法語語法等課程。在這期間，他對日本式的傳統文化藝術十分迷戀，曾利用課餘時間學習鑽研過三味弦和長歌，這也充分表現了他的東西合璧的思想特性。可以說在中江兆民的思想深處還是潛藏著東方傳統式的某種東西。

第二節　留學法國和創辦法語學校

一、留學法國

1870 年以後，明治新政府加大了政治改革和對外開放的力度，為此採取了多種措施。其中同中江兆民生平有直接關係的措施有兩項。第一項是政府公開招募官費派遣到歐美的留學生。第二項是由總理大臣岩倉具視❼親自帶隊組團，準備赴歐美各國考察政治制度改革。留學生將同考察團乘同一艘船前往歐美。當時能獲得這種留學生資格的人大都是有錢有勢並且在官辦學校畢業的貴族子弟，像中江兆民這樣，沒有權勢和金錢，又不是官辦學校畢業的青年人，是很難得到留學機會的。於是他向作為同鄉兼長者的坂垣退之助和後滕象二郎提出求助。由於兆民人品和才學俱佳，二人同意保舉推薦他。接著他設法求見了身居新政府要職，又主管這兩件事的同鄉大久保利通❽，當面向他提出了留學法國的請求，並講了自己求學的艱難和立志報國的決心，這使大久保利通深受感動，破例批准

---

❼　岩倉具視，幕末、明治初期政治家，1825–1883。

❽　大久保利通，幕末、明治初期政治家，1830–1878。

了他的留學要求。就這樣他獲得了日本國司法省官費派遣的留學生的資格。

　　1871年秋他踏上了日本官方赴歐美考察團的輪船，經由美國到達了法國的馬賽。兆民等人下船，開始了他長達 3 年的留學生活。在法期間他到里昂和巴黎等地求學。趁假期他還到西歐各國和英國考察旅行。他在法國留學期間雖說生活是十分艱苦，據說他曾住過里昂一所小學校的簡易房，在巴黎有時同苦力和下等職員在酒吧喝廉價酒並一起交談，但是他仍然抓緊時間拼命地學習了解各種各樣的知識和理論。據幸德秋水引述兆民自己回憶的話說：「先生不拘泥於司法省所指定的學習內容，還專門學習了哲學、歷史和文學。聽先生說：他還把《孟子》、《文章規範》和《外史》等書譯成了法文。又聽先生說：他們所涉獵的史籍是相當廣博的。」[19]他學習了法國啟蒙思想家們的著作，也了解了當時許多最新的自然科學成果，例如物理、化學的元素論和生物進化論。在學習這些新知識的同時也引起了他思想的巨大變化。這對他的民主主義、無神論唯物論思想的形成都起了巨大的作用。對此幸德秋水說：「先生在法國時，深崇民主共和思想，忌惡階級（實指等級制度）如蛇蠍，仇恨貴族像敵寇，發誓為鏟除它們而保障人民的權利作為自己不容置疑的終生奮鬥目標。」[20]兆民不僅從書本上接受了法國文化和政治理論，而且他還實地考察了當時法國政治舞臺上各種政治力量角鬥的格局，並通過對法國歷史和現狀的認識，深化了他自己對日本社會和政治形勢的理解，從而明確樹立了自己所從事的民主運動的歷史責任，這也決定了他以後的命運。

---

[19]　《兆民先生・兆民先生行狀記》，第11頁，岩波文庫本，1960。

[20]　同上書，第12頁。

　　在留學期間他與一位日本皇族子弟西園寺公望㉑成了最要好的朋友，曾以兄弟相稱，他們二人共同受教於一位名叫阿克拉斯㉒的學者。這位激進的政治理論家同第一國際關係密切，1867年他曾同巴枯寧㉓等人共同創建過「和平與自由同盟」，為此還坐過一年牢。在思想理論上，他是孟德斯鳩㉔、盧梭㉕激進民主思想的崇拜者，同時還是一位無神論者。這些無疑會對兆民產生不小的影響，這也可以看成是兆民後來的思想理論一個重要的來源。

　　兆民到達巴黎時，正是法國著名的巴黎公社革命運動被鎮壓下去不久的時候。他作為一個從遠東而來的日本留學生，人地兩生，並且沒有親眼看到公社起義的真實情況，加上當時是白色恐怖時期，法國當權的梯也爾㉖以及整個歐洲資本主義社會到處都充滿了對巴黎公社革命的中傷、造謠和誣蔑，由於聽信了這些宣傳，從而兆民對公社運動沒有給予積極肯定的評價，認為它不過是「亂民造反」，這也就不足為怪了。

　　還有一點也需指出，兆民在法學習期間，正是孔德㉗的實證主義和社會歷史觀在歐洲十分流行的時候，所以它們對兆民也都產生了不小的影響，也吸收了實證主義中在他看來許多合理的因素。例如重視實證經驗，自然科學的觀點；批判唯理主義的唯心論的觀點；承認社會歷史發展進化的觀點等等。但是在他回國後從事的大量理

㉑　西園寺公望，明治到昭和時期的政治家，1849-1940。

㉒　阿克拉斯，Akelast，1820-1891。

㉓　巴枯寧，Bakunin，1814-1876。

㉔　孟德斯鳩，Montesquieu，1689-1755。

㉕　盧梭，Jean Jecques Rousseau，1712-1778。

㉖　梯也爾，Thiers，1797-1877。

㉗　孔德，Auguste Comte，1798-1857。

論研究和政治實踐活動中逐步認識到這種理論的荒謬性和欺騙性，所以在他後來的著作中對這一流派展開了無情的批判。

1874 年 5 月，由於明治政府緊縮開支，決定召回全部在國外學習的官派留學生。兆民當然也不例外，不得不結束留學生活而返回日本了。另外，就兆民本身的情況來看，他也可以不回國而留在法國繼續深造。這是因為當時教他的法國老師特別喜歡他，想出資留下他繼續在法國學習。但是兆民沒有同意，這中間除了他想要回國施展他的才幹以報效祖國的儒學理念起作用以外，兆民還是一個儒學修養很深的人，特別孝順他的老母親，想念他的弟弟，儒學的孝悌之心也是造成他歸心似箭、返回日本的一個原因。對儒學的道德倫理觀念和實踐倍加尊崇，是他不同於西周 ㉘、福澤諭吉 ㉙ 等啟蒙學者獨特的地方。

二、創辦法語學校

1874年他27歲時就回到了日本，10月他在東京麥町六番町開設日本歷史上有名的法國語學校，當時稱為「法蘭西學塾」。這個學校是系統地把近代法國思想文化傳播到日本的鼻祖，同時也是宣傳自由民權理論、培養自由民權志士的一個大本營，為後來日本第一個資產階級政黨——自由黨的成立，和自由民權運動的發展做出了重大的貢獻，有的人評論說，它是「自由黨的別動隊」。學校剛成立時規模很小，參加學習的人也很少。後來由於當時自由民權運動形勢發展的要求和兆民等人的努力，來學習的人越來越多，以至於房子都顯得十分窄小，擁擠不堪了。後來經過兆民的學生們的資助，

㉘　西周，明治時期的啟蒙思想家，1829–1897。

㉙　福澤諭吉，明治時期的啟蒙思想家，1834–1901。

又建築了一座新式樓房才算解決了學校用房問題。這所學校，雖然名為法語學校，而實際上除了速成學習法語以外，還開設了歐美各國法律、政治、哲學、歷史、文學等幾乎全部的大學文科的課程。學生們除了學習課堂知識以外，還經常就日本當時的社會政治、經濟、文化等熱點問題展開熱烈的自由的討論和辯論，還經常舉辦各種政治講演會、報告會。在這裏宣傳議論西方各國的政治制度和各種民主共和的政治思想理論，攻擊天皇政府，揭露貪官污吏，抨擊社會時弊，探求治國良策，已經成了傳統風氣。先後從這個學校畢業出來的二千多人，有許多人成了日本近代史上的著名的人物。例如後來成為日本著名文學家兼詩人的長谷川二葉亭就曾在這裏學習過。這個學校還是一個研究和出版的機關。中江兆民的《民約譯解》即盧梭原著的《社會契約論》❸就是在這裏出版的，他的許多文章、著作和譯著最初也都是在這裏出版的。可以說，兆民創辦的這所學校是日本真正的思想啟蒙運動和下層自由民權運動，即民主主義運動的主要發祥地之一，它所起到的歷史進步作用和所具有的歷史進步意義要遠遠高於福澤諭吉等人創辦的另一啟蒙運動團體「明六社」。

在這期間，據說兆民前後曾兩次被文部省任命過教育行政職務，但都由於與文部省主管人福澤諭吉一派的意見相左而離職。如1875年2月23日他被任命為東京外國語學校的校長，但因該主管人堅持在辦教育中應貫徹西方功利主義的方針，而兆民則堅持在教學過程中應體現用傳統儒學道德來培養人才的原則，二者相爭不下，上任不到3個月就被迫辭職了。此後在同年5月24日他又被任命為元老院少權書記官，主要負責法律諮詢，法文資料翻譯整理工作。這

❸　《社會契約論》，*Le Contrat social*, 1761。

本來就是沒有多少實際權力的清閒官職，但是他祇幹了一年半，又同當時的幹事後來任外交大臣的陸奧宗光意見不和，發生了衝突，一氣之下他又自動辭去官職。前後兩次當官任職總共不滿二年時間，這是他一生之中惟一在政府做官的時期。從此以後，他終身是以一位民間學者和在野人士的身份從事文筆活動和政治活動。這是他人生的一個重要特點，捨此則很難理解他理論的獨創性和特殊性，這也是他不同於以西周和西田幾多郎❸為代表的眾多學院派哲學家的地方。

從1877年辭官以後，到1881年投身到新聞界以前的這四、五年間，他除了繼續在法語學校從事教育工作以外，還著手翻譯了法律學方面的著作和進一步深入研究了漢學。首先，他應司法省的邀請翻譯了由聖・約瑟撰寫的《普魯士財產繼承法》和《英國財產繼承法》，還翻譯了由波埃尼撰寫的《法國訴訟法原論》。這是在日本最早一批關於歐洲法律學方面的譯著，它不論是對日本法學法理的研究和建設，還是對後來日本政治民主化、法制化的建設，無疑都是具有開拓性的重大貢獻。其次，在這時兆民曾下一番苦功夫鑽研漢學知識，深入體會東方哲學的韻味。據說，有一次他在一家書店裏讀過一本和漢對照的書，其譯文之流暢，文字之優美，字字妥貼，使他極為震驚和讚賞。他說：「世界上怎麼會有這樣老練精美的譯文呢？」從此他想學好漢文的願望更加強烈，於是1878年他拜岡松甕谷❸和高谷龍淵❸（寫上述書的兩名著名的漢學家）為師，向他們學習漢學，在這時，他深入研究《碧岩集》和禪學，他對《碧岩

---

❸ 西田幾多郎，明治至昭和時期學院派哲學家，1870–1945。

❸ 岡松甕谷，幕末、明治時期儒學家，1820–1895。

❸ 高谷龍淵，幕末、明治時期儒學家，生卒不詳。

集》這本反映老莊哲學的書特別喜歡，把它做為座右銘。通過學習漢文，他的文字寫作水準果然有很大進步。他曾用漢文翻譯了湯淺常山❸的《常山紀談》❸，這時他能用漢字寫出一手極為漂亮的文章，使他的著作錦上添花。有人評論說，他的文章是「十步九折，蒼勁嵯峨，恰如在急湍之中的危岩，聽流水的清越之韻」；「其文鏤心刻骨，一字不苟，一語不輕」，「即使寫應酬文字，也猶如孟東野（浩然）作詩」。還有人說，「兆民的漢文高渾樸實，殆如秦漢」。在兆民逝世後，有的人甚至說：「如果說文學界有第一恨事的話，那就是中江兆民居士棄筆而去」。可見兆民在漢學寫作上和東方文化上所達到的造詣，在人們心目中的地位是何等的高超啊！

在這個時期，他雖然創辦了學校，也翻譯了幾本書，並且深入學習和研究漢學，但他內心中真正的志向並不在於想要成為一位文人學者。他內心真正的志向在於他想要成為一個追求真理，能提出獨創見解或理論體系的哲學家和做一個改革日本、造福民眾的改革家、革命家上面。為什麼這麼說呢？請試看以下三件事實。第一件，他剛回國不久對他所見到的社會狀況十分不滿，寫信給當時政界的要人島津久光❸，提出自己非常激進的政治主張和政治策略。後來即使經過幸德秋水的轉述，其內容之尖銳也足以反映出兆民內心的真實主張。幸德秋水引證中江信中的話說道：「先生說：『伏地拜見大公。從前鄙人將自己的愚見寫在信中敬呈給大公閱讀，如果能採納鄙人的意見我則不勝榮幸。』大公說：『您的意見固然不錯，祇怕是很難實行啊！』先生又說：『有什麼難實行的？　大公應快下命令給

---

❸　湯淺常山，江戶幕府中期的著名儒學家，1708–1781。

❸　《常山紀談》，隨筆式的文史雜談集，共25卷，1736。

❸　島津久光，幕末、明治初政治家，1817–1887。

西鄉隆盛 **❸⓿** 大將軍，讓他馬上到京城，解除近衛軍的武裝，直接包圍首相府，把反對新政的人一網打盡，政變一舉可成。現在在陸軍中思想混亂的人有很多，西鄉大將軍果真來了，支持的人會怎樣呢？」大公說：「我雖然下令讓西鄉來，但是如果他不聽我的命令可怎麼辦呢？」先生說：「可另外再派勝安房 **❸❽** 去說服西鄉，那麼西鄉則一定會答應的。」大公沉默地想了半天說：「還是應當好好想想再說吧。」」 **❸❾**

第二件事是據同他一起學習過的長谷川在回憶兆民 1879 年前後的言行時對他所作的評價。他說：「這位在野的街市先生的志向並非在漢學上，……是一位嫌文學的文學家，純粹革命家的典型。……是被隱沒了的英雄。」這些評價多少反映出了他當時內心所懷有的真正民主主義思想的志向來了。

第三件，我們從1879年中江兆民給仍在歐洲留學的好朋友好兄弟西園寺公望的一封信中，就更加清楚地向我們展示了他當時的內心世界了。他在信中說：「大哥（指西園寺公望）抱負遠大，決不屑去做一般文人學者們所做的那種索章斷句之業……盡快的回國來完成那救世濟民的偉業，這才是大哥真正可靠的志向……宋儒有言道：精神一到，何事不成！大哥有氣力，有智術，日本雖頑陋，但也能申張自主之大義，我不寄希望於大哥而又寄希望於何人呢？我這幾年來，以筆墨糊口，以筆墨養心，每天都不能同時俗背道而馳，快要變成枯木朽株了。但我並不自甘暴棄，幸好大志在我的胸中還沒有死掉，蒼天有眼，果真想要讓日本振興起來的話，那我願把一

---

❸⓿ 西鄉隆盛，明治維新的功臣、軍事家、政治家，1827–1877。

❸❽ 勝安房，幕末、明治初期的政治家，1823–1899。

❸❾ 《兆民先生・兆民先生行狀記》，第14–15頁，岩波文庫本，1960。

生所珍重的東西，一下子全都奉獻出來。」❹通過這三件事實可見，他後來能成為一位激進的自由民權運動民主主義的理論家和無神無佛無靈魂的唯物主義哲學家就毫不奇怪了。可以看出他的内心決不是想做一般文人學者所從事的索章斷句的工作，而是懷有一個救世濟民、振興日本的雄心大志的，祇是懷才不遇，沒有遇到一個好時機和條件，所以才不得已做這些以筆墨糊口的俗人所做的事情而已。

第三節　參加並指導自由民權運動

一、辦《東洋自由新聞》

　　1880年10月11日，西園寺公望離開了他留學十餘年的歐洲回國了。他回憶這一段的經歷時寫道：「從西方剛一回國，有人勸我當官，還有人說做無官一身輕的士大夫更好。正在當官與不當官不知如何是好，到處游蕩之際，松田正久來訪。他說，如果辦新聞事業讓我當社長。雖說當社長也好，可是我究竟不能真正每天去上班。我這麼一說，他就說關於這一點他早就考慮到了，不用我擔心。祇要我答應出山，創辦一個新聞社就很容易了。如果感到辦報有困難的話，可請中江（兆民）來協助，這也很好。」❹1881年正是日本自由民權運動走向高潮的前夕，上層民權運動已經開始在廣大民眾中聲名狼藉，運動的發展要求更為激進，更為理論化、系統化的英法大革命時期的革命理論和經驗做為運動的指導思想。正是在這種背景之下，由西園寺公望擔任社長，由中江兆民做主筆（主編），由

---

❹　《中江兆民》，土方和雄著，第34頁，東京大學出版會，1958。

❹　《隨筆・西園寺公》，小泉三申。

松田正久等十多人做編委的《東洋自由新聞》於1881年3月18日在東京正式出版發行了。這是在日本最早冠以「自由」二字的報紙，它一出版就立刻受到民權論者和廣大讀者群眾的熱烈歡迎。這還因為，西園寺公望是官居高位的名門貴族德大寺的弟弟，而中江是傳說中的秀才，該報的宗旨提倡激進的民主主義，宣傳中江兆民獨創的「君民共治之說」。這種君民共治之說援引英法的民主主義理論，同時又有深入的哲學思想為基礎，所以一時間震動社會各界，與當時占統治地位的福澤諭吉的保守主義的民權論形成鮮明的矛盾和對抗。

　　這一矛盾和對抗具體表現在中江兆民寫的兩篇文章上。一篇是4月10日的〈天說〉被懷疑為指向日本最高統治者天皇。在文章中說：「天是大公無私的，愛人而不知其仁，威人而不知其嚴……自有天以來就如此，豈是有意而為哉。是故，豈天以無私為體，以無意為用耶？」❷這些話含蓄的表示出天是沒有意志的自然之物，所以它不能成為天皇至高無上的根據。另一篇是4月15日發表的批評參議員井上馨❸在地方選舉前夕所作的公開演說，他對地方官吏們的享樂主義大加讚揚。兆民指出：「嗚呼，堂堂日本帝國的參議員竟勸百司之官作酒舞弦歌，飲食男女之樂而何復顧及其他。如果每個人都祇顧一己之快樂而不顧其他，其害必然不勝言之。……祇圖快樂，不顧道德，必然有害，這豈是參議員之所宜言哉。」❹這種批評實在是丟了政府官員的面子。

　　1881年3月末，太政大臣三條實美以口頭方式向宮內卿德大寺

---

❷　《兆民選集》，嘉治隆一編，第207頁，岩波文庫本，1936。

❸　井上馨，明治時期政治家，1835–1915。

❹　同上書，第152頁。

實則傳達了天皇的一則口諭：「今皇上對閣下新聞社長的行為深為震怒，希望他速退出社。」西園寺公望對此感到難以接受，於是提出了抗議文。4月8日，宮內省又出面，給德大寺下達了文字命令：「先前關於《東洋自由新聞》發行給你的令其社長退社的內敕，乃是由實則轉達的天皇之內部通知。」按當時的規定，這類內部通知是應保密不能公開發表的，也不能向報社的內部人員透露。但是結果在4月9日報上卻刊出了由松澤求策和上山長次撰寫的〈西園寺公望辭去社長〉一文，透露出了西園寺公望退社的內幕。其中寫道：「明治14年4月8日，本社社長西園寺公望請求辭去社長職務，離開本社。社會人士讀到本報時定會感到十分驚訝，要詢問這是何故。我等亦欲知此事，然而亦不能知之，此非謂青天霹靂邪！」這裏需要指出的是，兆民發表的〈天說〉一文實際上含有對天皇專制制度的抗議和不滿。可見當時矛盾之尖銳。

在此以後，政府以松澤求策和上山長次泄露了政府內部指示，在報紙上發表西園寺退社內幕為藉口逮捕了他們二人，其中一人後來死在獄中，最後把報社擠垮停刊才算罷手。《東洋自由新聞》從3月18日創刊到4月30日被迫停刊僅僅出版了43天，但是就在這短短的時間裏兆民一共寫了30多篇文章，他把從法國留學以來，十年間所形成的思想一下子都傾注出來。這些文章從政治理論、歷史、哲學乃至日常事務等多方面全面系統地論述了他的自由民權思想，論證了在日本實行民主主義改革的必要性和歷史必然性，抨擊了封建專制制度的腐朽性、落後性和反動性，也批評了、揭露了明治政府的虛偽和專橫，官僚的卑鄙無恥和社會的腐敗現象，極大地啟發了廣大民眾爭取自由民權的思想覺悟。這些文章在日本的政治思想史和哲學史上都占有極為重要的地位。在最後一期的停刊詞上他明確

的寫了這樣的一段話:「《東洋自由新聞》使妖魔嫉惡為時已久,以至於最後不得不停刊,但這對自由之大義有何損耶? 我等指青天白日發誓,總有一天將再昂首於文壇之上,請江湖各位君子原諒了。嗚呼! 那妖魔是我社不共戴天之仇敵,我等誓以七死七生來消滅他。」⑤那妖魔顯然是指與自由民權為敵的封建君主制度,即明治天皇政府制度,可見他當時的決心是何等堅決,何等鮮明。

二、出版《民約譯解》等著作

《東洋自由新聞》停刊後,他又回到法語學校。1882年2月20日他在法語學校創辦了《政理叢談》, 後改名為《歐美政理叢談》,以翻譯介紹歐美的社會政治、法律、民主主義思想作為刊物的宗旨。從第2期 (3月10日) 起開始刊登了他用精美的漢文翻譯的盧梭原著《社會契約論》 ⑥, 題為《民約譯解》,其實他翻譯的僅僅是原文的最精彩、最主要的一部份,並非是原著全文。《民約譯解》在《歐美政理叢談》上連載到第43號,即1883年8月5日止。盧梭的原著在日本最早的譯本是早在1878年由服部德譯的, 題名為《民約論》,後來又有原田潛翻譯出版的《民約論復義》 (1883) 但是在日本當時影響最大的, 最受讀者歡迎的, 成為轟動一時的暢銷書是中江兆民的漢文譯本。這同他對哲學、社會政治理論、歷史和漢文學都有很深入的研究、很高的造詣有直接的關係。也同他對法國語和古漢語有很高的翻譯水準有一定關係。雖說是譯著, 實際則是編譯和意譯, 並非是直譯, 同時每章後面都有自己獨到的解釋。他是把盧梭的民主主義的思想完全理解消化了, 做到了融會貫通, 並能結合日

---

⑤　《中江兆民》, 土方和雄著, 第100頁, 東京大學出版會, 1958。

⑥　《社會契約論》, *Le Conterat social*, 1761。

本的實際情況而加以精彩的闡發和解說。正因為如此，在當時他的名字就同盧梭的名字有機的聯繫起來了，幾乎成了家喻戶曉的人物，被稱為「東洋的盧梭」。 以至於到了後來人們在日本召開紀念盧梭的會議時，竟不知不覺地開成了紀念和宣傳中江兆民的會議。同時他所創辦的《歐美政理叢談》在學術界也獲得了「盧梭主義和革命主義之精髓」的評價。這個刊物與中村敬太郎 ❹ 1871年出版翻譯的《自由之理》以及福澤諭吉的《勸學篇》這三大讀物被視為在當時的知識份子中間最為流行的讀物。

在這個時期他還從事了哲學和美學著作的翻譯和編譯工作。在1882年的《政理叢談》上他發表了〈哲學的宗旨〉一文。在文中他說：「西方哲學學說，……有唯物論和唯心論兩種。唯心論認為，人有肉體和靈魂二者，存在有上帝。唯物論不承認靈魂，把感情、理智、意志等等全部都歸結為大腦的作用。」他又說：「這兩種學說互有長短，然而要闡明哲學的概況，與其選此擇彼，毋寧祇選擇其內容和道理清晰而條理整齊的。」這說明他還沒有明確確定自己的哲學立場，祇是客觀介紹了西方哲學理論。後來他又翻譯了由富耶著的《理學沿革史》 ❹ 即哲學史，編譯了《理學鉤玄》（1887）即哲學概論，這時他已經初步認識到唯物主義哲學的優越性和真理性。

1883年兆民還翻譯了由維隆 ❹ 原著的《維氏美學》 ❺ ，這部上下兩冊的美學著作是在日本最早介紹西方美學的著作之一，漢文的譯文精美、典雅、流暢，受到人們很高的評價。坪內逍遙 ❺ 曾評論

---

❹　中村敬太郎，明治時期啟蒙思想家，1832–1891。

❹　《理學沿革史》，A. Fouillée, *Histoire de la philosophie*, 1878。

❹　維隆，E. Vèron, 1830–1895。

❺　《維氏美學》，E. Vèron, *Estèque*, 1878。

說：「在最早介紹的美學著作中，當首推中江篤介的《維氏美學》，它是遙遙領先的巨著。漢文的譯文頗為典雅、流暢，就是在那時讀起來幾乎沒有一處不懂的。不知為什麼《明治文化全集》漏掉了《維氏美學》而未予介紹呢」。

在自由民權和社會政治理論的研究上，1887年5月出版了他著名的《三醉人經綸問答》一書，這本書內容博大精深，構思巧妙，技藝高超，文字流暢精美，闡述了他的進化論的社會歷史觀，是一本不可多得的優秀著作。9月寫了《平民的覺醒》，同時他還翻譯了盧梭的《非開化論》即《論科學與藝術》❷。

1886年他同東京芝兼房町金虎館的女主人松澤的女兒彌子結婚。彌子在1856年8月14日出生，比兆民小9歲。中江兆民到中年的時候，不可否認他的行為是放縱、隨便的。據說在他同彌子結婚時，連一桌酒席也沒擺設，就在當時，這也是不可想像的。

三、參加並指導自由民權運動

1881年日本的自由民權運動進入了高潮時期，其標誌之一就在1881年10月29日在東京成立了日本第一個全國性的資產階級政黨自由黨。不久，中江兆民就參加了自由黨，投身於民權運動，並成為這個運動的卓越領導人之一和理論的指導者。1882年6月25日，他當上了自由黨的機關報《自由新聞》的社論班子的重要成員之一，進行了積極活躍的宣傳鼓動工作。但是還沒等到年底，由於自由黨上層領導人暗中投靠政府，背叛和脫離運動，自由黨內部分裂了。而下層的黨員幹部，特別是堅持革命路線的幹部和普通黨員出於對

---

❺❶ 坪內逍遙，明治、大正時期的評論家、作家，1859–1935。

❺❷ 《論科學與藝術》，*Discours sur les sciences les arts*，1750。

上層領導人的背叛和妥協的不滿，紛紛提出退黨以示抗議。結果，大大削弱了自由黨的戰鬥力。對此兆民感到十分痛心，他雖然沒有宣布馬上退黨，但也對上層領導人背叛和脫離運動表示不滿，基本上是站在激進派和廣大基層黨員這一邊，並且參加了他們組織的一些實際活動。但是面對運動中出現的上述問題，另一方面，他又把注意力放到對理論問題的深入研究和探討，放到翻譯外國的哲學著作上面去了，他企圖通過這些理論研究找到更好的指導運動的思想武器。正是在這個時期，他的思想鬥爭十分激烈，他的思想也充滿了各種各樣的矛盾。也正是在這種矛盾和鬥爭中使他逐步的認識到了唯物主義無神論哲學的優越性和徹底性，從而使他的思想更加現實具體化，更加革命化了。

在這一時期，他參加的自由民權運動的實踐活動概括起來說有以下幾項。

第一，1883年4、5月份，他同酒井雄三郎、村上森國等人一起到熊本、薩南，進行宣傳自由民權思想的巡迴講演，深受民眾歡迎。

第二，1884年，他曾應邀參加了「有一館」成立的開幕式。這個組織是下層自由民權派的組織，他們主張用暴力手段來爭取自由民權，公開對抗明治現政府，是全國有名的激進民權派組織。兆民是支持這個組織的。

第三，1884年，在越前地方農民鬥爭發展起來的前後，他同當地激進的自由民權論領導人松田定一等人有著密切的聯繫，曾支持過他們的「東洋學館」暴力行動。據說兆民本人也想參加他們組織的暴力行動，並且準備同他們一道到中國大陸的上海等地，來宣傳自由民權思想和進行自由民權的實踐，但實際上這一設想並未能實現。

第四，他以法語學校為基地大力宣傳自由民權思想，在他的學生中間有許多人主張廢除天皇制，這不能不說同受他的思想影響有關。

此外，他還通過朋友同鄉同學師生等私人接觸，和為自由黨起草文件報告等活動，對民權運動起到了某種直接或間接的指導作用。

總而言之，通過上述這些實踐活動，說明了兆民不僅是一位理論家，而且也重視和參加了一些實踐活動。還說明了他作為一位自由民權論者，是傾向於激進派的，是屬於真正下層民權論者，他的理論觀點和他的實踐活動基本是統一的。

第四節　從流亡大阪到參加第一屆國會

一、起草關於三大事件的秘密奏摺

1885年末明治政府採用了內閣制，任命伊藤博文 **⑤** 為首相，井上馨為外相。第二年，井上同各國外交代表開會時，秘密修改了外交條約，其中有給予外國人以領事裁判權的喪權辱國的內容。另外，這時出現了崇洋媚外的風潮。據自民黨史記載，在當時「競相奢侈，開大型舞會，晝夜飲宴，國無寧日，鹿鳴館內，貴女紳士，交歡之情，陷社會於靡然惰風，醜聲外聞。不僅一切模仿西洋，提倡演戲改良、音樂改良、衣食改良，甚至提倡人種改良，要以高加索人種之血輸入於大和民族之血中。」上述情況，引起日本上層一部份有識之士的重視和反對，提出媚外之風必須制止。這些消息傳到民眾之中，引起民眾對明治政府的憤怒和不滿。1887年，明治政府無限

---

⑤ 伊藤博文，明治時期政治家，1847-1913。

期的推遲修改外交條約，9月井上外相辭職。但是不知何故，提出批評政府正確意見的有識之士日本農商大臣谷干城也被逼辭職。這樣就引起在野黨，特別是自由黨領袖後藤象二郎的憤怒。於是後藤召集70多名黨員開會，在1887年12月2日由兆民執筆寫成了《後藤象二郎關於三大事件呈給天皇的秘密奏摺》，在其中彈劾了政府的三大罪狀，與之相應提出了三項要求。第一，停止喪權辱國的外交談判，實行獨立自主的外交政策。第二，減輕地租地稅使人民得到休養生息。第三，允許言論、集會、結社自由，使政黨自由公開活動，以促進制定憲法，開設國會。這三項要求可以說基本上正確概括了當時爭取自由民權各派共同的政治要求，也在一定程度上反映了廣大民眾的正義呼聲。15日全國二府十八縣的民眾代表再一次向元老院提出了「三大事件請願書」，各地上東京請願的人一下猛增到二千多人，全國各地被壓抑了多時的自由民權運動以此為契機突然高漲起來。面對憤怒群眾的合理要求，政府的態度是：一律拒絕，堅決鎮壓。於12月25日公布了日本近代史上臭名昭著的所謂「保安條例」並即日執行。其中說：「在距離帝居或所在地三里以內居住者或寄宿者，被認為有進行內亂、陰謀或教唆或妨害治安之虞者，經警視總監或地方行政長官或內務大臣認可，得限期或限時間命令退去，禁止在三年以內在同一距離之內寄宿或居住。」同時，公布了放逐570名離京人員的名單，兆民當然也被列入其中。因為在政府看來，宣傳自由平等民權就等於煽動群眾犯上作亂，況且兆民不僅起草了奏摺，而且還提出過反對修改外交條約的意見書，真可謂是「罪上加罪」。就這樣在當天晚上，兆民在警察的押送下，冒著凜冽的寒風，懷抱著不滿周歲的女兒被驅逐出東京了。到了大阪，他給一位友人的信中說：「自由平等的主義越來越可貴，面對明治政

府的仁慈竟達到了如此地步!」並賦詩一首，其中有云:「渭北江東
靈犀通，為國為民乞自重。」

二、在大阪的流亡生活

　　由於政府的鎮壓政策,東京成了保守派和上層民權論的中心,
而許多激進的下層民權派的政治活動家們都雲集到大阪。而大阪原
來就是一個經濟發達的商業和海外貿易的中心城市,對自由民權思
想比較歡迎,因此二者結合在大阪就形成了一個反明治政府的民權
派力量。1888年1月15日兆民在這裏重操舊業創辦了《東雲新聞》,
這份報紙就成了下層民權派力量的宣傳喉舌和理論中心,並且同東
京政府官方的御用上層民權派展開了針鋒相對的鬥爭。兆民到了大
阪以後，租了個小宅子，同母親柳子、妻子彌子、女兒千美子和亡
弟寅馬留下的孩子猿吉住在一起。據當時成為他的門生的幸德秋水
說:「當時先生非常貧窮，從東雲新聞社每月所得祇有50多元錢，
他所住的曾根崎的寓所僅有四個房間，除先生夫妻，他們的孩子等
幾個人外，還有我們這些學生，多時四、五人，少時也有二、三人。
我們經常住在門口的過道裏。」❺

　　在這個時期他寫了《論國會》、《選舉人的覺醒》、《憂世慨
言》、《四民的覺醒》等文章。在這時，他的思想有了變化，即對恩
賜的民權所寄的希望越來越少，而對爭取的民權所寄的希望則越來
越大。並且他要求在一個民主的國家裏不僅要有憲法和國會，而且
要有真正的憲法和國會，即能代表廣大民眾利益，反映廣大民眾意
志的憲法和國會。當然兆民所指的民眾和國民主要是指新興的尚沒
有得到多少政治權利和沒有受到官方多少保護的民族資產階級或中

❺　《兆民先生・兆民先生行狀記》，第17頁，岩波文庫本，1960。

產階級，即他所說「真正的實業家」、「有良心的商人」， 具體地說是指由中等同產業兄弟會所組成的「大阪俱樂部」中的成員。他希望這些人成為一個「實業家兼政治家」的階級來掌握日本未來的命運。

在大阪期間，為了在更廣泛的社會階層中推動他的自由民權運動，他甚至把希望寄託於「富於政治思想」並且「熱衷於國事的貧賤人」。 他這時在日本第一次提出了所謂「新平民」問題，即處於早期無產階級地位的日本部落民的問題。他甚至把自己也擺在這種新平民的位置上，並遷居到他們集中居住的地方去居住。他曾以新平民的身份，用署名「渡邊村民大圓居士」的名字寫下了如下這樣的話：「我們是居住在社會下層居民中最下層的種族，從前大家叫『穢多』的就是我們。」 並且代表他們呼籲道：「在今天的社會裏，自由平等的真正意義到底在哪裏呀！」 要求「打破社會的妄念」，建立真正代表新平民的「社會悟道」。據說在第一屆國會議員選舉中，他是從新平民居住地大阪第四區被選舉為候補國會議員的，這正是廣大民眾，尤其是廣大新平民大力支持並為之奔走宣傳的結果。據幸德秋水說：「先生沒花一文錢，沒搞過一次幕後活動，而堂堂正正地被選為候補議員。」❺當然能接近勞苦大眾，並為他們說些公道話，這在他的整個生平事業中並不占主要地位，但是做為一位自由民權運動的理論家和指導者能做到這一點則是非常難能可貴，值得永遠紀念的。

在大阪，由他建議並創立了一種叫「壯士芝居」的日本現代劇，用藝術的形式來反映廣大民眾爭取自由平等的思想要求，他還親自擔任導演，據說這是日本文藝史上最早的現代劇。

❺ 同上書，第19頁。

根據1889年2月明治政府發布的特赦令，兆民不久就回到了東京，從而結束了他在大阪的流亡生活。他的妻子由於臨盆暫時仍留在大阪，直到8月14日兒子丑吉誕生後不久，她們母子才重返東京。

三、參加第一屆國會前後

兆民返回東京以後，就積極投入了恢復自由黨的工作。他當上了《自由新聞》（第二次）的主編。這個報紙是復興以後的自由黨的機關報。同時他還為當時日本著名激進派民權論的領導人大井憲太郎❺❻創辦的《阿茲瑪新聞》積極撰寫稿件。

復興以後的自由黨雖然在表面上還保持著同政府的某種抗衡的姿態，但是實際上它的戰鬥力、團結協作精神已經同從前大不相同了。首先上層領導人中的大多數人都已經或明或暗的為明治政府所收買而投靠了政府。其次，有些領導人因喪失鬥志而去出國考察，或者脫離政治活動。兆民本來就對政府在1889年2月公布的帝國憲法感到氣憤、不滿和失望，說：「通讀一遍唯苦笑而已。」他所不滿和苦笑的原因很明顯，因為帝國憲法明確規定了「萬世一系的國體」，將作為統治者的天皇的神秘作用加以合法化和合理化，賦予了天皇以絕對的權力，而賦予臣民以極少的權限。因此兆民原打算利用第一次國會開會的機會同政府展開面對面的合法鬥爭來爭取修改憲法以增加自由民權，並顯示出新組建起來的自由黨議員團結一致的力量。所以兆民在事前曾再三警告要防止個別人因被收買而背叛。然而事實不像兆民所想像的那樣樂觀。就政府方面而言，在這次即將召開的首屆帝國國會上根本不打算討論任何帶有實質意義的民主改革的問題，至於修改憲法的事他們連想都沒有想到，祇是想利用國

---

❺❻　大井憲太郎，明治時的政治活動家，1843–1922。

會這種形式向國內公眾和外國人說明日本也實行了西方式的民主制度了，把它做為粉飾民主的櫥窗，把國會當做一個政府決策合法的表決機器，來通過他們事前已經秘密商定好的決議案，諸如財政預算案等問題。為此政府事前花了大量的金錢來收買自由黨的議員，讓他們聽命於政府的擺布。同時又許諾以後要給予他們官職。在這種情況下，自由黨的議員們又是害怕，又是感恩，結果大多數議員，特別是土佐派的議員們首先背叛了原來在財政預算問題上打算同政府抗衡的共同協議，完全順從了政府的預算方案。就這樣政府的財政預算案順利地通過了，而自由黨原來的計劃徹底破產了。至於兆民原打算與政府進行辯論修改憲法的計劃，政府根本不予考慮，這些對於兆民來說簡直是當頭一棒。為此，兆民不顧議長的挽留，憤然辭去國會議員的職務，開創了國會史上極為罕見的議員自動辭職的先例。針對政府的專橫和自由黨議員的可恥背叛，他寫下了有名的〈冷血動物的陳列館〉一文。這次失敗使他認識到：「自由衹能靠自己爭取而得到，決不能等別人來白送。」❺

第五節　辦實業和晚年的活動

一、開辦實業

　　自從他辭去國會議員，政治生涯遭到嚴重的打擊之後，他完全脫離了政界和文壇，而專心致力於辦實業。這時他的性格也發生了很大變化，戒了煙酒，行動言論也變得十分謹慎了。據幸德秋水和他的女兒千美子說，兆民晚年的家庭生活可以說是日本家庭的模範。

❺　《兆民選集》，嘉治隆一編，第269頁，岩波文庫本，1936。

兆民在致力於實業之餘，也看一些書，有時也和孩子們一塊遊戲。生活雖然說不上富裕，有時也能遊山玩水，自得其樂，絲毫也看不出慌忙混亂的樣子。似乎祇有哲學家才有這種悠閒自得，冷靜處世的情懷。

1892年首先他到了札幌開辦經營紙張的商店，接著又開辦了山林業，經營木材和紙漿，由於不善於經營，不久都失敗了。後來，他又回到了東京，參加了幾家私人鐵路的投資建設，他經常往返於東京和大阪之間，最後也都以失敗而告終。據說在這一時期他為了更快更多的賺到錢，還曾參與了設在群馬的妓女院的投資和經營，並因此而引起了他從前朋友的反對，和社會輿論界及學術界對他的人格評價的爭議。因此我們有必要考察他辦實業的真正動機和造成如此慘重失敗的原因。

對此，幸德秋水有非常詳實的說明：

> 先生曾說過，面對著像現在這樣冷酷無情的藩閥政府的對手，無論你怎樣把筆頭磨光、口舌說破來發表評論文章，想要去順利地實行自己的主張，那是絕對辦不到的。再則，貧窮如洗的政黨黨員，祇會搞政治活動，不會去辦實業和從事生產活動，想要毫不動搖的堅持自己的主張，到頭來，不是餓死，就是去自殺，若麼就要賣身投靠，最終注定要被權家豪紳所驅使……沒有錢什麼事也辦不成。我久已倦於作蛙鳴蟬噪了。政界，我是同它斷絕關係了，文字之事也是同樣。每天為衣食而奔波，是不能創作出雄篇偉作的。❺❽

---

❺❽　《兆民先生・兆民先生行狀記》，第22-23頁，岩波文庫本。

兆民還把日本文人寫作的情況同西方和中國文人寫作的情況進行了比較：

> 西方文人是以天下人為讀者的，祇要出了一、兩本傑作，一下子就會產生出對這些書的幾萬本的需求，可以用得到的錢畢生享用，所以才能悠閒自得的去寫文章。在中國……那些以文為業的人，也不受金錢所驅使，而能忍飢耐渴的寫文章，所以也能創作出傳世名篇來。而現在我們日本僅局限於幾個小島的地域，僅以某些讀者為對象，在報刊上寫稿賣文，連糊口都成問題的人，還能有什麼作為呢？文學是奢侈品，衣食足而後才能談文章。黃白之物（即黃金、白銀）啊！我要拿到黃白之物。❺❾

由此可見，兆民內心真正的抱負並非在於辦實業本身，而是想通過辦實業賺到錢，去實現他在政壇和文壇上沒能實現的東西，即縱橫於政界和寫出震驚當世的雄偉大作來。那麼他辦實業又為什麼會以失敗而告終呢？那是因為他自身的性格條件所造成的。這就是說辦實業對於像兆民這樣心地善良、性格清高的學者來說又是談何容易呢！正如他自己所說的：「我辦實業，賺錢則由別人拿去，賠錢則由我自己負擔，最後直到招來審判、律師、法警、破產等，而後罷手。」❻⓪他又說：「愚闊而守於理想，是小生引以自豪的座右銘。」❻①

---

❺❾ 同上書，第23頁。

❻⓪ 《一年有半・續一年有半》，中江兆民著，吳藻溪譯，第46頁，商務印書館，中文譯本，1979。

❻① 《兆民先生・兆民先生行狀記》，第25-26頁，岩波文庫本，1960。

值得一提的並且具有十分辛酸和諷刺意味的是，他面對著盛著豆腐和青菜的飯菜，還十分自信地對他的門生幸德秋水說：

> 姑且等著瞧，將來總有一天，我成了像陶朱翁那樣腰纏萬貫的大富翁之時，我將再次興辦起報紙，縱橫於政界之上，帶著你們遨遊歐美各國，並且寫出雄偉大作來。❻❷

所以說，當時的客觀條件和兆民本人的性格能力都決定了他辦實業，無論從事哪一行業和種類的實業都注定要失敗。

二、晚年的活動

雖說他辦實業並不順利，屢遭挫折，但他內心的志向仍想在政壇上東山再起。在1898年1月，他組織成立了國民黨並創立了《百零一》的黨的機關雜誌，但由於缺乏資金，出了四期就自動停刊了，黨也就隨之解散了。在這時，他由失望、悲觀，轉而思想混亂。在《百零一》第4期發表的文章《大恥辱大滑稽》中，曾站在日本帝國主義者的立場上，鼓吹應從俄國人和英國人手中奪取中國的遼東半島和山東半島，並且認為日本政府和軍人沒有去占領中國這些地方是日本國的大恥辱、大滑稽、大悲劇。並且還說什麼「征清之役是空前的偉業」、「僅贏得臺灣這一孤島，就為無可奈何之事」，操起了他在《三醉人經綸問答》中所激烈批判的侵略家豪傑君的荒唐論調。1900年，他還當過《每日新聞》的主編，這時他不顧自己的學生幸德秋水的多次勸告和反對而參加了帝國主義者組織的國民同盟會，並且在這時曾大肆鼓吹過要侵略占領朝鮮和中國的臺灣島及大

---

❻❷　同上書，第24頁。

陸。雖然他自稱這也是為了實現民主民權不得已的一種權宜的策略
手段，但畢竟是他一生中最不光彩的污點，這違背了他自己早年作
為一個進步的民主主義者所一貫主張的與亞洲各國特別是與中國應
當和平友好相處的和平外交路線，顛倒了權略和理義的關係，不能
不令人感到遺憾。但是臨去世前他似乎對此有些醒悟，在他的臨終
遺著中再也沒有提到要侵略別國的事情，又重申了和平自主的外交
主張。

在1897年，他還同片山潛共同創立了「勞動組合促進會」，1898
年10月18日幸德秋水等人和他一起創立了「社會主義研究會」。但是
社會主義的思想和事業對於中江兆民來說，始終是可望而不可及的
理想。

在他的晚年還翻譯了叔本華❻著的《道德大原論》❹，和與別
人合編了《法蘭西語日本語字典》。

1900年11月兆民感到咽喉不適。3月他還為辦實業的事去過大
阪，等到4月他已經臥床不起了。當他得知自己患了不治之症喉頭
癌之後，問醫生他還能活多長時間，醫生答覆說：「一年半，如果
療養得好的話，可以保持兩年。」兆民原以為至多祇能活5、6個月，
聽說還能活一年半，他感到還有不少時間，可以認真做些有意義的
事情。於是他忍著病痛先寫了《一年有半》，繼而病情惡化不能寫
時，由他口述，他的門生幸德秋水筆錄，又下決心堅持寫完了以「無
神無靈魂」為副題的《續一年有半》，於1901年9、10月出版。這兩
本書分別以20萬和10萬的數目暢銷於全日本，是繼福澤諭吉的《勸
學篇》之後，在日本最為轟動的著作。

---

❻　叔本華，Arthur Schuopenhauer，1788–1860。

❹　《道德大原論》，*Gruudprobleme der Ethik*，1841。

1901年12月13日他逝世於東京小石川武島町自己的家中，根據他的遺言，送葬時免行一切宗教儀式，以此來貫徹他做為一個徹底的唯物主義、無神論者的信念。15日召開了追悼會，由他的友人坂垣退之助和大石正巳❻主持，有500多人參加，氣氛十分肅穆悲痛。當天東京的《讀賣新聞》、《每日新聞》、《國民新聞》等大報都對他的去世和生平都做了詳細報導。

最後，順便要說一下的是關於中江兆民的子女和後代。中江兆民的長女叫千美子，於1887年9月生，1906年7月31日同竹內綱的三兒子竹內虎治結婚，竹內虎治是吉田茂的異母哥哥。他們婚後生了兩男五女。其中長女就是寫《孫文傳》的鈴江言一的妻子，叫鈴江浪子，她是中江兆民的長外孫。中江兆民的獨生兒子中江丑吉出生於1889年3月。在東京大學法學部畢業以後，由原來袁世凱的日本顧問有賀長雄帶到北京，幾乎在北京住了有30多年，他的生活費用由西園寺公望和曹汝霖提供。這是因為在1919年五四運動的時候憤怒的學生們衝進了曹汝霖的公館要燒掉公館捉住曹汝霖。就在這時有一位日本年輕人在混亂中把曹汝霖搶救出來，背著逃命了。此後曹為了感謝這個青年的捨身救命的行為，長期為他提供生活費。這個青年就是中江丑吉。後來日本軍部要求發動「七七事變」侵略中國之前，丑吉事前看到這個計劃，他表示堅決的反對，並且他認為在第二次世界大戰中德國和日本法西斯必然失敗。總之，他在青年時代放縱，中年就停止了，也戒了酒，是一個性格直爽的熱血漢子，並且在關於歷史的某些看法和人格特性方面酷似他的父親。晚年他深入研究中國學問，曾著有《中國古代政治思想史》、《公羊傳的研究》等書，1942年逝世，葬於中國的北平。

❻　大石正巳，日本近代政治活動家，1855–1935。

三、小結

　在他的晚年的時候，他的學生幸德秋水曾勸他是否寫一點自傳之類的東西留給後人。他一笑置之說：「我一生做為一個寒酸的書生，難道還有什麼功德值得傳誦的嗎?」始終沒有動筆來寫自傳。他終生以一個平凡的學者書生來處世、思索和奮鬥，嘗受著那個社會所強加給他的種種辛酸苦辣，創立了日本式的近代唯物主義無神論哲學和日本式的民主主義理論，為豐富和發展日本哲學和政治思想史做了不可磨滅的貢獻。戰前的日本學者永田廣志 ❻❻ 說得好，中江兆民「與其不成功的政治活動相反，他的理論文筆活動在思想史上留下了頗為顯著的足跡。」 ❻❼ 日本早期的馬克思主義者河上肇 ❻❽ 在青年時代讀了他寫的《一年有半》之後深有感慨地說：

　　他雖然痛言憤語地罵殺了一切，但這決不是他的真正本領，
　　如果我們能把眼光透過他所寫的紙面的背後，就能看到在他
　　的冷言冷語中有熱血熱淚，在他的妙手妙腕中有真情真理，
　　在他的奇文奇筆中有常識常念。他說過做為一個大政治家應
　　當是極其嚴肅認真的。他還說過，今後日本所需要的是比豪
　　傑英雄還要偉大得多的偉大哲學家。他還曾說過國家的百年
　　大計就在於增殖生產力，日本的一大病根就在於沒有自己獨
　　創的哲學，國家的一大禍患就是對外尊對內卑。這是何等的

---

❻❻　永田廣志，戰前日本哲學家，1904–1947。

❻❼　《日本哲學思想史》，永田廣志著，第291頁，商務印書館，1978，中
　　文譯本。

❻❽　河上肇，戰前日本哲學家、經濟學家，1879–1946。

光明磊落啊！他是深知日本國民性的人，也是深知日本理想的人，然而他又是最能發現日本國家病根和揭露日本國民短處的人啊！

對他寫的《一年有半》評論說：

如果把他做為詩人，那麼我們聽不見他歌頌天地美妙的巨響；如果把他做為哲學家來看，那麼我們也看不見他發現宇宙真理的雄篇……然而，把《一年有半》做為詩來詠誦真可謂是無韻腳的詩；如果做為哲學著作來讀，也可以說是無體系的哲學。然而，我們在那無韻腳的詩中卻發現了偉大哲學家的理想。這就是他寫的《一年有半》永垂不朽地活在人們心中，成為人們永久的精神紀念的原因。⑥⑨

這些話到今天快100年了，但在某種意義上仍然不失中肯而深刻的意義。

總而言之，中江兆民不僅有淵博的知識和卓越的才幹，在許多方面，諸如哲學、社會政治理論、歷史學、法律學、文學、法語、漢學、倫理學、美學、傳統音樂、戲曲等方面對日本的思想文化寶庫做出了重大貢獻，而且他還是懷有崇高理想，具有高尚道德情操，謙虛謹慎的革命家和思想家。他是一位不貪戀高官厚祿，不畏懼權勢壓迫，始終以樂觀的鬥爭精神同當時保守、落後和反動勢力進行了頑強鬥爭的民主鬥士。他也是一位尊重事實，勇於獨立思索，光明正大，直言正論的正直學者。當然同歷史上的任何一位思想家和

---

⑥⑨　《中央新聞》，1902年9月16日，萬水千山樓主人著文。

偉大人物一樣，他也不可避免的帶有自己時代和個人的局限性和弱點，這也是不容諱言的。但這並不妨礙他做為資產階級上升時代的偉大思想家所起的巨大歷史進步作用。

第二章 民主主義的政治思想

第一節 歷史和文化背景

　　中江兆民的政治思想理論實質上是一種激進的革命民主主義思想。但是由於當時的歷史條件和他本人所受的文化教養的限制，他的政治思想理論又明顯的帶有某種溫和和策略的色彩，形成一種獨特的日本式的、儒家式的東方民主主義的思想理論。另外，雖然說他一生大部份的活動是從事政治理論的翻譯、宣傳和研究工作，他的大部份的著述和譯著也都是有關這方面的內容，但是，他的政治思想理論又不是單純的就事實而論事實，單一孤立性的論述，而是有著明顯的理論概括性和理論深刻性的。這也就是說是同他的哲學思想有著密切的聯繫。他總是試圖站在哲學的高度，或者理論性的高度來論述政治問題，同時又總是試圖把他的政治理論觀點奠定在一定的哲學思想的基礎之上。政論中有哲理、哲理中有政論，這是他的思想理論不同於日本其他思想家的又一明顯特徵。為了深入理解他的政治思想理論的實質和明顯特徵，我們首先有必要對當時產生這些政治思想理論的歷史條件和思想文化理論界的狀況進行一下分析和了解。

一、歷史背景

中江兆民所處的明治時期，正是日本從封建社會向資本主義社會急速過渡的歷史大變動的時期，各種階級矛盾和政治力量的鬥爭交織在一起，從而呈現出一種極為複雜、瞬息萬變的特徵。至今學術理論界對此仍爭論不休，難以定論。但是，一般說來，學術界普遍公認的觀點認為，日本的明治維新運動是一次不徹底的，由上而下的帶有資產階級革命性質的改革運動。正因為如此，在剛剛實行維新以後，明治政府實行了有利於大官僚和封建大地主少數特權統治者利益的徵兵制和地稅改革制等新法令。其結果是廣大農民群眾的生活反而更加貧困了，已經達到不能忍受的程度。從1871年以後，日本各地爆發大規模的農民抗租抗稅的武裝起義和暴動，其範圍之廣、次數之多、規模之大在日本歷史上是罕見的，甚至遠遠超過了舊德川幕府統治時期的情況❶。這種以占日本人口百分之八十以上的農民階級為主體的廣大人民群眾的反抗和鬥爭，是推動日本近代史發展的真正動力，也是日本近代民主運動即自由民權運動能夠產生和發展的真正動力。做為舊幕府封建地主復辟勢力代表的西鄉隆盛，在1877年發動的西南叛亂被平息下去以後，封建力量就再也不能以獨立的形態而興起了。但是，這並不等於封建勢力就自動滅亡了。這時的封建勢力變換成以擁護天皇的絕對統治的形態出現，並且在明治政府的當權者之中仍然占有極為頑固和相當強大的力量，發揮著極為保守和反動的作用。當時在日本掌握著國家政治權力的勢力，是代表日本大官僚資產階級和大地主利益的明治天皇政府的專制勢力，日本人也叫做「絕對主義的天皇藩閥專制」勢力。這個

❶ 《日本近代史》，井上清著，第52頁，中文譯本，1966。

日本的最高政權本身在當時具有兩重性，一方面它同剛剛被取代的德川幕府相比較而言，它實行了某些有限度的由上而下的資本主義改革，提出了「文明開化」、「殖產興業」、「富國強兵」的三大改革綱領，順應歷史的發展，具有一定的歷史進步性。但是，另一方面，它本身仍然還保留著封建專制制度中許多落後、保守和反動的本質特徵，並且隨著這個政權自身政治、經濟地位的不斷鞏固，到1890年帝國憲法公布之後，其歷史的反動性、侵略性和殘忍性更是暴露的十分充份。而中江兆民的社會政治思想理論所集中反對、揭露、批判的主要對象正是這種反動的「有司」、「藩閥」專制勢力。當然在這個專制勢力的內部還有各種派系之間的矛盾。其中天皇貴族宮廷勢力同薩長藩閥官僚勢力之間有時也有某些內部矛盾和區別，但是他們在總的集團利益、大的政治觀點上則是完全一致的。在日本政壇上當時還存在一種不掌政權或者不掌握實權的，並且得不到多少官方保護和特權的少數公卿貴族，地方大中地主富商和大中資產階級的勢力，以及上層具有某些開明思想的知識份子即開明的賢達之士。他們一方面對長薩二藩的官僚獨吞明治維新成果，獨占政治大權，不許別人染指表示不滿，要求在上層重新分配財產和權利，另一方面又對農民運動、新興的中小民族資產階級和下級武士的崛起感到恐懼和不安。他們較早地接受了西方資產階級的思想文化，援引了西方天賦人權和政治改良主義理論為根據，提出了所謂「上層民權論」，即有嚴格等級特權和教育程度等各項條件限制的，有錢人和有文化的人才配享用的民權論。日本最早的民權運動就是由他們發起的，其最早的代表人物就是西周、福澤諭吉等人宣揚的民權論。等到了後來，即1881年以後，有更廣大群眾參加的由下而上的真正的日本民眾自己的民權運動開展起來的時候，特別是政府對

之實行殘酷鎮壓和金錢收買的胡蘿蔔加大棒的政策以後，他們又開始分裂分化，甚至出賣民權運動，充當了反動政府的幫凶。這就是日本民權運動中的右派和改良派，以所謂「改進黨」為典型代表。在日本在明治時期真正主張實行民主主義改革和革命的是日本新興的中小資產階級的勢力。日本新興的民族資產階級和小資產階級又往往身兼中小地主和商人，他們的政治代表又大多數出身於下級武士和中小知識份子的家庭。其在政治上的代表人物是以坂垣退之助和後藤象二郎為代表的自由黨人。中江兆民基本上是站在這個階級和階層的立場上來說話的，他的政治思想和哲學思想也基本上是反映這個階級的利益要求。這就是我們所謂的下層民權論或民權運動的左派、激進派的含義。但是由於當時日本社會歷史發展的後進性，當時日本資本主義的生產方式剛剛被引進，發展的很不成熟，新興的民族資產階級和小資產階級在人數和經濟實力上，無論同西方資本主義列強來比較，還是同日本官僚資本和封建階級的勢力來比較，都是很弱小的，因此它有天生的軟弱性，同舊的封建武士階層和舊的傳統文化道德有著天然的聯繫。這種特殊性反映在中江兆民的政治思想理論上、政治主張上和要求上就不能不帶有調和性、溫和性、策略性的色彩，這正是我們需要深入具體的加以把握的。儘管如此，就是這種力量同當時的以農民為主體的群眾反抗鬥爭相呼應，相結合就形成了在日本歷史上長達10年之久的自由民權運動，即由下而上的資產階級的民主主義的革命運動和改革運動❷。

二、文化背景

同當時的政治鬥爭形勢相適應，日本的文化界、思想理論界的

---

❷ 同上書，第58頁。

狀況如何呢？當時在日本起重要影響作用的思想文化理論思潮大致
上有三種：第一種是英國大革命後期的改良主義理論，它反映了英
國大革命之後大資產階級同封建貴族妥協的政治要求，主要是為了
反對和對抗法國式的革命的民主主義的理論。在社會政治觀點上則
以社會達爾文主義、社會有機論及其各種變種為主要內容的理論。
在哲學上則是以邊沁❸的功利主義和穆勒❹、斯賓塞❺的實證主義
為主要內容。西方這些理論對明治時期的日本思想理論界和哲學界
的影響和衝擊很大。在政府的某些御用學者們，例如西周也支持並
贊同過這些理論。又例如像嘉藤弘之❻等人還以此為據，著書立說，
寫什麼《人權新說》鼓吹這種理論。在日本民權派的右派，改良派
的改進黨則公然把這種理論做為他們行動的指導理論。中江兆民從
一開始就對這種功利主義、實證主義非常反感，寫文章對它進行批
判。但是由於他早期不能分清實證主義和唯物主義，民主主義同功
利主義、社會達爾文主義的界限，仍然不能擊中要害，甚至在某種
程度上還受到它的一定影響。第二種理論是日本官方後來加以大力
提倡的，以德國康德❼、黑格爾❽的唯心論為根據的理論，在政治
上則主張在封建王權和專制集權主義的基礎上，實行由上而下的資
本主義改良，發展軍國主義的理論。同時還要恢復和大力宣揚反動
的神道教，把宗教和儒家傳統的忠君報國思想同德國的近代唯心論
加以揉和，而形成的一種日本官方的政治哲學理論。其早期的典型

❸　邊沁，Benthan, Jeremy, 1748–1832。

❹　穆勒，Mill, John Stuart, 1806–1873。

❺　斯賓塞，Spencer, Herbert, 1820–1903。

❻　嘉藤弘之，明治時期的思想家、哲學家，1836–1916。

❼　康德，Immaue Kant, 1724–1805。

❽　黑格爾，Georg Wilhemfriedrich Hegel, 1770–1831。

代表是井上哲次郎 ❾ 和井上圓了 ❿ 鼓吹的日本式的唯心主義。這種
理論正是中江兆民所批判和反對的理論。第三種理論是英法資產階
級大革命時期的理論，在政治上主張進步的革命的民主主義，在哲
學上則主張戰鬥的唯物主義的無神論。在政治思想方面則以法國盧
梭的「社會契約論」和孟德斯鳩的「分權制衡」理論為中心內容，
在哲學方面則以培根 ⓫、洛克 ⓬ 的唯物主義經驗論和十八世紀法國
戰鬥的無神論和唯物主義為主要內容。中江兆民的政治思想和哲學
思想從本質上說就是屬於這種思想理論的範疇，是日本新興的民族
資產階級處於革命上升時期的世界觀和思想武器。

　　盧梭的民主主義思想在日本明治時期得到廣泛傳播並且能產
生出巨大的影響決不是偶然的，它是適應了當時自由民權運動發展
的迫切要求，也是適應了當時日本資本主義的產生和發展的需要。
馬克思曾評價說：「盧梭所寫的《社會契約論》（即《民約論》）一書
要算是一部天才的著作……盧梭那怕僅僅在表面上對現存的政權也
不採取任何妥協的態度。」⓭ 恩格斯曾評價說：「理性國家，盧梭的
社會契約論在實踐中表現為也祇能表現為資產階級的民主共和
國。」⓮ 這些評價原則上對中江兆民的政治思想理論也適用，它為我
們指明了中江兆民政治思想的實質。但是我們也不能教條式的，簡
單的來理解上述評價。這是因為處於十九世紀中晚期的日本社會的

---

❾　井上哲次郎，明治至昭和時期哲學家，1855–1944。

❿　井上圓了，明治、大正時期哲學家，1856–1919。

⓫　培根，Bacon, Fiancis，1561–1626。

⓬　洛克，Locke, John，1632–1704。

⓭　《馬克思恩格斯選集》，二卷本，上卷第372頁，中文譯本，1959。

⓮　《反杜林論》，恩格斯著，第15頁，中文譯本，1962。

狀況同處於歐洲大陸的法國大革命前後的情況畢竟有所不同。法國激進的、比較強大的與民眾結合的比較緊密的資產階級，同日本軟弱的溫和的與民眾結合不太密切的新興民族資產階級也很不相同。因此，雖說中江兆民的政治理論實質是屬於法國式的激進民主主義，但是它並不是法國盧梭思想的簡單翻版，而是結合了日本的實際情況，運用了日本傳統的儒家道德哲學、東方老莊哲學的思想要素加以揉合再創造出來的盧梭理論，是具有某種調和性、策略性特點的東方民主主義。這也可以說是他的政治思想理論的又一個基本特徵。說他的政治思想理論是日本型的民主主義，主要就是指的這個意思，在以下的具體論述中我們將詳細分析這個特點。

第二節　《東洋自由新聞》中的民主思想

中江兆民公開正式登上政治舞臺發表自己的思想觀點是在1881年3月創辦的，在日本最早冠以「自由」二字的《東洋自由新聞》上。他的民主主義思想是有一定理論系統性的，這可以從他在《東洋自由新聞》第一期中所說的一段話中清楚的看出來。他說：「我們發行的這份報紙，將同全國三千五百萬同胞共同追求向上的真理，以報效國家。……它的宗旨和項目不外以下幾條：自由之說，君民共治之說，地方分權說，和平外交說。細分還有教育、經濟、法律、貿易和軍事制度等。」❺在「四說」之中，「自由之說」是他的民主思想的理論核心和基礎；「君民共治」之說是他當前的施政綱領，是一種初級民主制的設想；「地方分權說」是他對地方自治和國內地方民主政權建設的設想，「和平外交說」是他對外的外交

---

❺　《兆民選集》，嘉治隆一編，第11頁，岩波文庫本，1936。

總方針，各細目是講實行民主制度的具體方針政策。其最終的目的是追求真理使國家富強起來。在這裏我們應當抓住他的理論基礎「自由之說」和「君民共治之說」來分析一下，就可以認清他的政治思想的基本構架和基本特點了。

一、自由之說

我們首先來分析一下他的「自由之說」。他說：

> 自由的基本內容有兩種，一種叫心神的自由，另一種叫行為自由。這個詞從拉丁文翻譯過來就叫做自由、自主、不羈、獨立等，要理解它非常深微的意思並非是這幾個詞所能概括無遺的。 ⓰

他又進一步解釋說：

> 自由對於我們人的一生來說，就像呼吸空氣一樣，不論是白天還是夜間，也不論是起居，還是坐臥，一分一秒也不能沒有的權利。離開了它，就好像魚兒離開了水而不能保全其生命一樣，自由對人的可貴正是如此。 ⓱

他又說：

> 若拿花草樹木來做個比喻的話，那自由就如同花草樹木的汁

⓰　同上書，第41頁。
⓱　同上書，第82頁。

液。因此那甘心受別人壓迫而被束縛的人們就如同窖裏養的花，盆裏栽的樹，不能發散出天然的香味和美色來。乍看起來似乎很美，但迫近一細看則感到毫無生氣。看那些山花野草，則與之相反，其香味馥郁，其氣色蒼蔥，雖說祇是一個花朵，一根草葉，也都無不顯示出生命的活力來。自由對人來說，可貴之處正在於此啊！ ⓲

在此，他對自由又做了深入的闡發。他說：

> 第一種是心神的自由，它是我們人的精神所能達到的絕對不受他物束縛的，並且全部無遺發揮出來的那種東西。也就是古人所說的能夠達到義和道的境界的那種浩然之氣……所以心思的自由乃是我們固有的根基，其他各種自由全都是從這裏產生出來的。凡人生的一切行為、學識、技藝和幸福也全部從這裏面產生出來。因此，它是我們每一個人所必須加以留心涵養的東西。 ⓳

這段話說的還比較抽象。為此，他專門寫了一篇叫「心思的自由」的文章，把這種自由做了進一步具體的闡發。

他說：

> 那輪船乘風破浪馳騁在萬里海疆，是靠大風的力量推動的嗎？不是！是因為從前有一位英國人瓦特⓴發現了用蒸氣的力量

⓲　同上書，第13頁。
⓳　同上書，第12頁。

可以驅動行船，創意運思，發明了蒸氣機，製造了輪船而便利了社會。如果瓦特沒有開動腦筋發明蒸氣機，人們祇能靠帆船小艇，又怎能擋住狂風巨浪自由的航行在萬里海疆呢？不僅如此，伽利略⑳、牛頓㉒對於物理學，拉菲爾㉓、米開朗基羅㉔對於繪畫，摩西㉕對於基督教，乃至其他一切聖賢學者們以某方面技藝才能做出貢獻，這全都是因為他們開動了腦筋，創造發明才能作出成功的業績。㉖

接著他又例舉了古今東西的大量有所發現，有所發明，有所創造，有作為的，在歷史上曾起過重要作用的偉大人物的各種事例來說明這種自由的創造性思維的重要意義。從而得出沒有這種自由創造性思維就不會有科學的發展，技術的進步，社會的前進和人類的幸福。他又進一步論證說，這種自由創意的能力並不是僅歸少數聖賢學者英雄豪傑所獨有的能力，而是每個人，特別是凡夫俗子，婦女兒童也都具有的在生產勞動日常生活和社會活動中所不可缺少的一種能力。它是人類一切活動的基礎，是人類社會存在和發展的根本動力。他說：

　　正是因為每個人都有了這種自由之心，所以才能建立起宗教，

---

⑳　瓦特, James Watt, 1736–1819。

㉑　伽利略, Galileo Galilei, 1564–1642。

㉒　牛頓, Isaac Newton, 1642–1727。

㉓　拉菲爾, Raffaello Santi, 1483–1520。

㉔　米開朗基羅, Michelangelo, 1475–1564。

㉕　摩西, Moses, 前1350—前1250前後，傳說中的宗教人物。

㉖　同上書，第25頁。

闡明道德人倫，研究開發科學技術，興辦起工業，發展農業，繁榮商業。也就是說人們都能把自己的自由之心運用到社會生活的各方面去。那麼為什麼不能把它應用到政治方面上去呢？ ㉗

接著他又說：

> 英法人民在政治上運用了他們的自由之心，而收到了明顯的成效……為什麼歐美人民能享受這種自由之心帶來的幸福呢？同樣都是人類，而歐美就能把自由之心的道理運用到政治方面取得成效，但是在亞洲，不僅不能把它應用到政治方面，甚至人們還不知道把它推廣應用到政治方面乃是國家的當務之急。上蒼賜給人類的幸福不能總讓它這樣不平等吧！ ㉘

所以，我們才能根據自由民權的道理來研究制定憲法，興起民主政治運動等事情。

　　根據上述中江兆民對心思自由的論述可以看出，他是把自由的意義理解為哲學意義上，每個人都天生具有的能動的自由創造性的思維活動能力，並把它同人們的科技實驗活動、生產勞動和社會實踐活動密切聯繫起來闡發，這正是中江兆民的自由觀深刻而獨到的地方。他又說自由並非是西方人才發現、發明的東西，早在東方人那裏就有自由這種東西。那就是孔子對他的學生曾參曾說過的：「吾

㉗　同上書，第26頁。

㉘　同上書，第26頁。

道一以貫之，夫以一心能應萬事」， 孟子講的每個人都應有的「浩然之氣」這種自由的心情啊！當然他不可能也沒有認識到不是人們的思維活動，而是人類的社會實踐活動才是人們認識的基礎，是社會發展的真正動力。但是他畢竟是從哲學的深度上把自由理解為同社會實踐，科學實驗相關的問題，並且把他的自由民權思想奠定在每個人都具有的「創意運思」的思維能力上，則顯然又帶有東方哲學的獨自特點，而不同於西方的自由觀。

對於第二種自由，他說：

> 第二種自由是行為的自由，它是人們之所以能自處和與別人相處的根據。它的種類有人身自由，思想自由，言論自由，集會自由，出版自由，結社自由，民事自由，從政自由等。❷⁹

這種自由就是指當時人們通常所說的各種具體的、外在的自由平等權利，是一種在具體的社會歷史條件下在人們的各種相互關係中互相限制、互相制約的相對的自由平等權利。是一種政治的、法律的、民事的、事實上的自由。

那麼兩種自由之間是什麼關係呢？從兆民的大量論述中我們可以看出，他認為心神的自由是一種與生俱來的，永不休止的，發展變化的，不可限制的浩然之氣，它的基本特徵就是不可遏止，不能被壓抑，不能被束縛的，它是同「服從」、「被統治」、「屈服」絕對對立的東西。它是

> 內省而不病，自反而縮，在外面仰俯於天地而無愧怍，政府

---

❷⁹ 同上書，第12頁。

和教門也不能對之有所箝制；在內部，它是五欲六惡對之也無所妨礙的那種活潑轉動的東西。因此凡是它能馳騁的地方，它必定不斷地馳騁，而絕對沒有什麼東西可以阻擋它的活動。**㉚**

但是在中江兆民來看，它也決不是毫無理性的、盲目的、下意識的自私的本能欲望和本能衝動，像一般西方某些理論常說的那種自由。它是要受「道」和「義」的支配、調節、疏導的東西，是合乎於「義」和「道」的東西。所謂「義」和「道」就是指東方哲學中的倫理道德和日常理性而言的。就是指他後來進一步說明的「自然之勢」和「進化之理」，是具有某種客觀性的東西。但是他同時又強調這種自由是存在於每個人心中的一種創造性思維的能力。把它作為第二種自由和人類一切活動的根基，人類社會存在和發展的基礎。相反，把第二種自由說成是派生的、外在的、具體的、受某種限制和制約的東西，說成是相對的自由。就這樣，他把二者在區別、對立中又統一起來，統一到每個具體的人的身上，統一到一定的具體的社會歷史環境之中。因此說，他對同一個自由的兩種屬性的規定的理論，就可以使他的民主主義學說建立在一種比較廣泛的群眾基礎之上，以區別上層民權論宣傳的有等級和限定的自由民權思想，帶有深刻的哲學理論的成份。

正是根據他的兩種自由觀的理論，他提出在日本伸張自由平等權利，實現民主共和制度的政治主張。他認為把這個自由之理運用到政治生活中就體現為平等之義，運用到國家制度上就體現為憲法議會式的民主共和的制度，運用到思想文化社會道德領域中，就體

㉚ 同上書，第12頁。

現為自由、平等、博愛的民主主義思想綱領。很明顯，他的民主主義思想是以他的「自由之說」為核心建立起來的，其思想的實質是盧梭的天賦人權和社會契約論的民主主義思想。

那麼，為什麼要把在日本實行自由民權做國家當前的首要任務呢？中江兆民根據自由之說的理論論述說：

> 連那尚未成人的嬰兒都有以哭聲來要求自由權的表示，又何況我們這些五尺身軀的大男子漢怎麼能沒有這種自由權呢？還是盧梭說得好，人若沒有自由權就不算是個人。❸❶

他又說：

> 想要吃飽飯、穿暖衣、行善事、求知識，這是人的天性，並非祇是聖賢學者才有的要求，就連最下層最普通的人們也都有這種天性……他們見到善良的人就敬慕，見到有才能的人就稱讚，孜孜不倦的經營，辛辛苦苦的勞作，一天也不敢怠慢，想要吃飽、穿暖並過上安定的好日子，看來正是由於這種人們努力進取的精神，才是達到我國強盛的根本。人們之所以能有這種努力進取的精神，這完全是因為人們有天然的自由權。就拿花草樹木來做個比喻吧！人的天性、情感就好像是花葉，而自由權就好比是生命，如果不讓花草樹木把根子深深地紮到土地下去吸收養料，怎麼能期望花美葉茂呢？又何況總是有人拿刀斧鋤鋸來不斷地砍伐它們，那又怎麼能不怪它枯萎凋謝呢？由此可見，號稱文化和物質生產都發達

---

❸❶ 同上書，第12頁。

的歐美各國，全都把申張人民的自由權做為他們的首要任務來抓。而申張人民的權利的辦法有各種各樣，但是主要的不外乎有兩條，一條叫做使人民富裕起來，能夠自己贍養自己。另一條叫做教育人民，讓他們能夠自己聰明起來。而教養人民最主要的任務就是讓國民共同制定憲法，並堅守而不改動，不能讓官僚藉權行威、恣意妄為，祇有這樣做之後才能使農、工、商各行各業興盛發達起來，才能促進道德、技術、文化等各項事業的大發展。如果國家沒有一定的憲法和法律，官僚肆意欺壓人民，那祇如同把花草樹木種在石頭上，而又去讓別人任意砍伐一樣。我相信孟德斯鳩的一句話，恣意專制的政治是為了獲得果實而砍斷樹幹的政治……搞政治的人祇有把申張人民的自由權做為自己的首要任務才行……我們辦《東洋自由新聞》的目的，就是想要在日本申張國民的自由權，並且把它推廣到東方各國。」**㉜**

綜上所述，中江兆民的「自由之說」來源於盧梭和孟德斯鳩的天賦人權論的自由觀。但是在對自由概念的具體解釋上，中江認為自由除了具有西方人強調的是一種上天賦予人的不可剝奪的自然權利這層意思之外，他還認為，自由權本質上是每個人都具有的一種同科學技術的發明創造，日常生活和生產勞動等社會實踐活動分不開的能動的創造性思維的能力，並且這種能力帶有一種東方理性哲學和道德倫理的色彩。同時這種權利不應為少數人所獨占而是為所有人，特別是為最下層的人們所共有的權利。這些思想又顯然表明了他的自由觀的獨自特點，從而顯示出他的民主思想的獨特性質。

㉜　同上書，第14-15頁。

在這種意義上可以說他是超越了盧梭，是一種東方儒學式的民主主義，是一種積極向上進取的而又不致於偏激片面的民主主義。

二、君民共治之說

在當時的具體條件下如何來實現他的民主共和制的政治要求呢？他提出了所謂「君民共治之說」的施政綱領。表面上乍看起來好像同改良主義者、上層民權論者提出的君主立憲制也沒有什麼區別，但其實不然。按著他的大量論述來看，就其內容實質來說，它們有著原則的根本區別。前者是在一種不改變天皇專制封建專制性質的大前題下實行某些資產階級的改良，「立憲」、「國會」等民主形式祇是徒有其名的幌子。後者則是在實際上真正實現新興民族資產階級掌權的民主共和制度，但也考慮到日本天皇存在的事實，主張在一定條件下保留天皇制某些不妨礙大局的特權和榮譽稱號。即「虛位君主制下的民主共和制」，其實質上是主張在日本實行一種初級民主制，是民主制的一種溫和策略的提法，是一種溫和調和的民主制形式。

下面我們來詳細地分析一下他專門為此而寫的〈君民共治之說〉的文章。在這篇文章中他首先把立論的立足點，放在名稱必須要符合事物的真實情況的這樣一種哲學思想的基礎上，即所謂：「名正則言順，名不正則言不順」的「正名論」的基礎上。他指出要確定一個政體的實質，不應僅根據它的名稱，而要著重考察它的實際到底是什麼。接著他說：

> 所謂共和政治在字面上是由拉丁文「萊思・波布里卡」譯過來的，「萊思」是指物的意思，而「波布里卡」是指公眾的，

共有的意思。合起來就是公眾之物，公有之物的意思。把這個公有的、公共的、公眾之物的意思應用到政體上，就是共和、共治的意思，這個詞本來的意思就是如此。因此祇要是把政治權力做為全國人民的公有之物，而不讓他成為官僚的私有之物者，就全都叫作「共和政治」，而不管是有沒有君主。❸❸

這才是他「君民共治」的實質。他為了說明這個實質，還特意不厭其煩的例舉了歐美各國和古代的例子來說明。他說古代的威尼斯共和國，名為「共和國」，其實質上是貴族集體專制的制度，並非是民主制，也決不是真正的共和制。他還著重比較了英國同美國和法國的政治制度。他指出，英國雖然有國王，有貴族，名為「王國」，但是他們的國王和貴族沒有獨斷專行、干涉政治生活的專制特權，都必須服從國會的決議，國王在政體中是居於立法權和行政權之間起著某種調解作用的東西，是一種外在的形式，是可有可無的東西。他還說，按其憲法、議會、三權分立和公民所享有的民主權利來說，做為一個公民，英國人、美國人和法國人都是一樣平等自由的，國家都是民主共和制，是否有國王並不能造成它們在政治制度上的本質差別。

我們在分析他的「君民共治之說」時，還必須考慮到當時日本社會的實際情況和明治天皇政府對自由民權運動進行殘酷鎮壓的實際情況。在這種情況之下，兆民做為一個民主主義者想要公開的發表自己的政治主張，就必須採取一種以退為進，以守為攻的手法。表面上裝出一種中立公允的姿態，採取策略的方式方法把自己的政

❸❸　同上書，第18–20頁。

治主張巧妙地說出來，在他的大量政論文章中幾乎都帶有這個特點。但是我們祇要深入研究，推敲一下就不難發現他的思想鋒芒和所提出問題的深度並不能因此而被埋沒。

讓我們再來細細分析一下他的「君民共治」這四個字吧！他明明主張共和制就是全國人民共治，卻偏偏又加上一個「君」字，這裏面就包含著一種內在的矛盾。通過上述論述我們可以看出，對他來說這個「君」在政體中本來是可有可無的形式化的東西。但是在當時的歷史條件下，又不得不暫時加上它，兆民想以此對統治集團內部進行一種分化，策略上把攻擊的矛頭直接指向藩閥官僚。明確主張人民共治，以反對官僚專制是他的本意，對君主則採用無限抬高和架空的辦法，使天皇成為一個不掌實權，精神象徵式的空洞的形式上的人物，或者一個民主化了的開明人物存在於他的初級民主制的外表。他一方面想借此使自己的政治綱領合法化、現實化、具有可操作性。另一方面則借這種形式上保留君主制，而實質上把君主排除到日本的實際政治生活之外的策略，來實現他的初級民主制的政治主張。當然這種複雜的，包含有內在矛盾的政治綱領，也反映了他做為一個日本民主主義者的軟弱性和對天皇政府不切實際的空想性以及調和不徹底性，但是畢竟同帝政論者和右派民權論有著本質的區別。他的民主民權思想，確切地說可以說是左派民權論或下層民權論中的溫和派、策略派和理性派。

後來在他論述到自由之理、進化之理的發展階段時，把他的「君民共治之說」明確的說成「立憲制」，這裏所說的「立憲制」實則是指英國式的君主立憲制。他說：

在當今之世實行君民共治的典範的就是英國的政治制度。嗚

呼！做為國民的人如果確實能共有政權像英國人那樣，不也沒有什麼遺憾了嗎？❸

這就是說兆民的「君民共治」是以英國的虛位君主制為樣板的初級民主制，這是他目前階段的最低政治綱領。他的真正目的是實現取消君主制形式的法國式和美國式的民主制。祇是由於當時日本歷史條件的限制，才不得已把民主進程分為兩步走而已。它的這種政治綱領對於日本實現民主共和制的革命來說，確實是最好的思想武器。

　　明治維新是在天皇政府指導下進行的改革運動，而民主革命的目標之一就是要推翻以皇權為首的封建專制，因此，這中間有一個深層的內在矛盾。人們對待天皇的態度也可以說在某種程度上是觀察他們政治立場的試金石。我們從兆民公開發表的文章譯著中來看，他表面上對天皇，對宮廷及其封建的典章制度和傳統的道德信條確實是誠惶誠恐，尊崇備至，這些當然反映了他多年養成的傳統思想文化的教養和封建思想的局限性的一個側面，但是這決不是他思想的主流方面。在當時的社會氣氛之下，天皇政府一方面答應要進行政治改革，另一方面又絲毫不給廣大民眾以任何實際意義上的自由民主權利，反而還對民眾進行恫嚇和鎮壓，兆民說這些話與其說是崇敬，倒不如說是一種例行的、給別人看的空洞的官樣文章，並沒有什麼實際意義。另外，他經常在說完歷史上的歐美各國專制政府是如何殘酷地鎮壓人民爭取自由平等權利，屠殺鎮壓人民，撲滅人民革命烈火的事實之後，故意把筆鋒一轉，對天皇政府大唱頌歌，無限吹捧歷代天皇是如何如何之仁慈，如何如何之寬厚愛民，視民如子等等。這些就是在當時也聽起來讓人肉麻和言不由衷的吹捧，

---

❸　同上書，第19頁。

與其說是尊崇佩服，倒不如說是辛辣的諷刺，巧妙的揭露、隱寓的反語更為恰當。即使是在當時，民權派內部和知識階層的一些人士也都十分清楚中江兆民的這種文風的真意。他真正明確的論述，他內心裏真實的想法十分清楚，即在真正完全意義上的理想民主制度下，根本沒有君主的地位。即使在馬上要實行的初級民主制下的立憲制中，君主也祇不過是一個形式上的象徵物，是個偶像或牌位。他內心的真實想法是要否定天皇制，打倒天皇的。據當代日本著名歷史學家井上清指出，中江兆民曾明確對人說過：

> 自主的「主」字如果細分析一下，就是釘在王頭上的一顆釘子。㉟

他還曾借講法國大革命的歷史時明確說過：

> 如果誰膽敢像拿破崙那樣恢復帝制，人民就應當起來把他的頭砍掉。㊱

在他在法語學校講課和他這一時期寫的文章中，每當談到英法人民起來推翻帝制、殺死國王、建立民主共和制度時，他都情不自禁的流露出一種十分興奮的心情來。由此可見，他雖然有一些儒學封建忠君思想的殘餘，說過一些保皇忠君之類言不由衷的話，但是從他思想的理論實質上看，從總體上看他還是一位真正的激進的民主主義革命家，而不是改良主義者，更不是尊王保皇份子，這在當時的

㉟ 《日本近代史》，井上清著，第64頁，中文譯本。

㊱ 《兆民選集》，嘉治隆一編，第27頁，岩波文庫本，1936。

政治活動家中是非常不容易做到的。當然這在今天民主制度盛行之時也許算不了什麼。

三、人民是國家的主人

中江兆民的政治思想的最革命最進步的地方，就是他主張政治的最終目的是實現人民當國家的主人這一政治目標，即人民主權論的思想。早期他的人民主權論的思想是在強調天賦人權和社會契約基礎上的人民主權思想。後來他又進一步深入提出「天然的自由」和「人義的自由」。所謂「天然的自由」就是人們根據自然、地理、生理條件不同而形成的人們在自身能力上的不同差別，這種差別表現為人的體力體能和智力智能的生理性差別。它有兩個特點，第一是客觀性和不可改變性，人們不可能自己去選擇和改變自己的種族、性別和身體體力智能類型。第二是自發的、野蠻的、原始衝動的，它不受歷史上政治法律制度的約束，是完全自由自在的，類似原始社會中的人們所處的那種狀態。而第二種自由，即「人義的自由」就不同了，它是一種在一定歷史社會法律道德文化條件下形成的個人自由，同第一種自由相比它也具有兩個特點。第一是可以隨著歷史社會經濟文化政治道德法律的改變而改變的，東方和西方的政治文化不同，因此人義的自由也大不相同。第二它是自覺的，受政治法律文化制度限制，制約的自由，是一種政治道德行為上的自由。中江兆民後來強調的自由，主要是指「人義的自由」、「政治的自由」，　這種自由的本質就是在日本的社會歷史文化條件下如何使人民成為國家的主人。這樣，兆民的民主理論就更加具體化、現實化了，去掉了一些書生氣的空想和抽象的成份。另外，兆民還把民權分為兩種，一種是盧梭曾講過的「恢復的民權」，　即現在在專制制

度統治下的人民，應根據天賦人權的原則把本來應屬於自己的而被專制當權者奪走了的權力收回來，通過憲法、議會等建立民主制共和國來恢復行使自己應有的自由民權。在這裏，兆民把人民自己起來為爭取自身應有的權利的鬥爭叫作「恢復的民權」。 與之相反，把那種由天皇政府恩准特批的，早就答應要恩賜給人民的權利叫作「恩賜的民權」。 隨著時間的推移，民權運動的失敗，兆民的希望一次又一次的破滅，直到他的晚年才最後認識到「自由祇能靠自己去爭取，而不能等別人白送」， 多次反覆地強調「祇有人民才是國家的主人，而官吏祇不過是國家的僕役」 ❸

由此可見，人民主權的思想是貫穿於他一生民主思想的主線。他的人民主權的思想主要集中在如何反對封建的專制制度，爭取人民的權利，提高人民的參政議政意識和民主主意識方面。但是，對於民主權利如何運作，在民主制下公共權力如何分割，即分權制衡方面的論述還是比較薄弱的。當然，他的人民主權的思想，仍然屬於舊的民主主義的範疇，即代議制民主的範疇。又何況，其中總是包含著某種溫和的、合法主義的和抽象空想的色彩，總是對天皇政府抱有一種不切實際的幻想。但是，在日本他畢竟是第一次最完整、最系統化理論化地論述人民主權和民主共和政治制度的進步思想家啊！

他還根據人民主權論的思想理論，提出了有條件、有限度的人民反抗權的思想，即所謂「造反有理」、「革命正義」的思想。他認為既然自由平等的權利是每個人都有的權利，那麼如果政府實行專制制度剝奪人民這些權利，從而使人民生不能生，死不能死，像牛馬一樣被壓迫、被奴役。那麼人民為了爭取自己政治上自由平等權

---

❸　《一年有半・續一年有半》，第31頁，商務印書館，1979。

利而起來進行有組織的反抗和鬥爭，乃至最後使用暴力手段去推翻欺壓人民的封建專制政府，去撤換和罷免那些貪贓枉法藉權行威的官僚，當然也就是合理正義的了。但是上述這種有條件限制的造反有理的思想和理論，並不是以一種公開的、直接的、正面的形式表現在紙面上的，而是採取一種隱晦的方式、含沙射影的方式滲透在他的文章著作的字裏行間的東西。但是毫無疑問，這是一種具有東方特色的革命的激進的民主主義思想。

他說：

> 然而想要在未興自由權的國家興自由權，在還沒制定憲法的國家制定憲法，天下的事情，艱莫過於此，難莫過於此。事情的困難還因世勢的轉變或者有不可預料的轉機，又何況，事物的發展寬猛各有其時，疾徐各有其機呢！我們諸位如果有幸獲得了真理，講之已明，等時機和形勢也完全成熟之時，全國三千五百萬同胞則全都能根據自由之理而得到自由權。到那時，如果萬一有荊棘擋路，妨礙我們三千五百萬同胞，不讓人民闖入自由之途的話，那我們還能用這種溫和寬容的言辭和煩瑣教條的議論來錯過光陰，讓自己甘受委屈嗎？我們就祇有大喝一聲，舉手跨步一衝而過了！ ❸❽

他又例舉了英法美各國人民在專制暴政統治之下，紛紛起來用暴力手段反抗專制政權，實現自由民主的歷史事實來說明人民進行造反和革命的必然性和合理性。他說：

---

❸❽　《兆民選集》，第17頁。

當時歐洲各國政府就是這樣殘暴,做為人民的,如果想要恢復自己的自由權不去依靠干戈的暴力,那他們怎麼能申張自己的志向呢? **❸❾**

他又說過:

> (連被人利用的)士兵都能捨棄生命來抵抗政府的官軍,又何況秉有自由的大義,並且堅決要實現它的民眾怎能不起來用暴力反抗呢? **❹⓿**

他又用盧梭的社會契約論和中國傳統的道德思想「官逼民反,民不得不反」為理論根據說:

> 人心難測,民志難奪,法國路易斯王要以暴力來鎮壓人民,而人民要恢復天賦的人權,來求得到自己的幸福,到那個時候難道還有什麼君臣之義嗎? **❹❶**

很明顯,這時,中江兆民認為:君主、政府同人民之間的關係應當是建立在社會契約基礎上的自由平等關係,如果在上的統治者,對在下的被統治者施行暴力壓迫,使人民得不到他們天然應有的自由平等權利的話,在這個前提條件的限制下,那麼人民祇有用暴力手段來反抗這個殘暴的政府,直到把它推翻而建立民主平等的政府,

---

❸❾ 同上書,第60頁。
❹⓿ 同上書,第64頁。
❹❶ 同上書,第63頁。

這是天經地義，合乎理性的正義之舉。相反，在這時再講什麼君臣
之義、帝王之尊那就是背理而荒謬的了。由此可見中江兆民是一位
主張人民主權論和人民革命權的激進的民主主義者。

第三節　《民約譯解》(上)對維護專制 制度的謬論的批駁

　　1882年10月25日出版的《民約譯解》是集中反映中江兆民的激
進的民主思想的重要著作，關於它的寫作出版情況已在本書的第一
章中有介紹，不再贅述。下面僅就其內容分兩節來分析論述，首先
論述他的寫作的宗旨，其次論述他對維護封建專制制度謬論的批駁，
這就是本節的主要內容。

一、《民約譯解》的寫作宗旨

　　兆民在該書的〈敘〉和〈譯者緒言中〉談了他寫本書的宗旨。
他首先說，在西方各國中要數法英德美為最強盛了。因為他們都是
實行了民主制的國家：

　　　　要皆置所謂國會者，令民票選有譽望者荐之，自租賦法例，
　　　　海陸軍政，以至與鄰國往復交接，一由眾議取決焉，其廣通
　　　　民志，防禍於未萌，豈亦因人情，而裁成者非邪。❷

---

❷　《中江兆民研究》，第七章《民約譯解》原文，桑原武夫等編，第180
　　頁，岩波書店，1966。

這就是說，民主制以開設國會，實行代議選舉來決定國家的財稅、
法律、軍事、政務、外交等大事，這樣就可以溝通民意，防止造反，
這種制度同因人情和個人決斷來裁決政務根本不同啊！那麼這種制
度的理論根據是什麼呢？兆民認為是來自近代的孟德斯鳩、盧梭、
洛克、康德等人的理論。各國人民學習了這種理論以後，

> 碩學輩出，相共切磨，講學論政，無幾，天下蔚然成風，學
> 士大夫，以至閭巷小民，咸知改易風俗，更革官制之不可欠
> 於時，挺身出力，萬死不顧，斯以一洗昔日之陋習，而古今
> 之間鑿一大鴻溝矣！ ❹

經過這場學習和改革運動之後，西方社會脫離了專制落後的中世紀，
進入了自由民主的新社會，造成了古代與近代的歷史性巨大飛躍。
　　在這些西方理論中為什麼要選盧梭的理論呢？他說：

> 由此觀之，淵源所自，孟盧諸子之力實居多焉，而後世最推
> 盧梭為首者，以其所旨在於令民自修治，而勿為官所抑制也。

在〈譯者緒言〉中，兆民對盧梭評價說：

> 當法蘭西王路易十五在位之時，盧梭、孟德斯鳩、伏爾泰❹
> 等，著書論政，鼓倡自治之說，而以盧梭為最精彩，所著《民
> 約》一書，抨擊時政，不遺餘力，以明民之有權，後世論政

---

❹　同上書，第181頁。
❹　伏爾泰，Voltaire，1694–1778。

術者，舉為稱首。但其人天姿剛烈，加以負才矜豪，不喜循
人軌轍，是以論事，或不能無矯激之病，學士輩往往有所指
摘，抑民約立意極深遠，措辭極婉約，人或苦於難解。❹

這就是說，在眾多的論述政治的理論中，以盧梭倡導的民約論最為
著名，由於其內容深刻，又有一些偏激，遭到某些人的反對，所以
兆民不但要翻譯它，而且還要解釋它，從而使人們能正確地理解此
書精深的意思。

那麼這麼做對當時的日本政界又有什麼意義呢？兆民說：

吾邦自由神聖相承，德化隆洽、中興❹以來，為治遍觀於泰
西諸國，取長補短，文物益備，而士庶亦相競以自治為志。
然則講盧梭諸子之業，以窮泰西制度淵源，在今日當務之急。

又說：

人苦於難解，余自早歲，愛讀此書，久久覺有所得，乃取譯
之，其難解處，從加之解，名曰《民約譯解》。❹

從中可見，兆民認為，日本政府號召全國人民學習西方的文化制度，
進行改革，大家熱情都非常高，但現在的問題是，應從根本處來理
解西方的政治制度，即從西方的制度的根本原理上入手進行研究學

---

❹　同上書，第182頁。

❹　中興，指明治維新以來。

❹　同上書，第182頁

間才行。在這裏兆民說明了他的寫作宗旨。

那麼怎麼做呢？兆民認為祇有從理解盧梭的《民約論》入手，才能掌握西方政治制度的實質，而不致於像日本有些人那樣，捨本求末，得不到要領。兆民還認為，研究學習包括盧梭的理論在內的外來理論決不能崇洋媚外，照搬外國的東西。他說：「如妄崇異域習俗，以激吾邦忠厚之人心，予豈敢焉。」❹由此可見，兆民是站在日本的民族利益和文化特質上去翻譯理解盧梭的原著，決不是對原著的簡單照搬。

二、自然之理不可為立國之本

盧梭的《社會契約論》是他的政治哲學的代表作，它還有個副標題，叫「政治權利的原理」，兆民把它譯為「原政」還是很恰切的。也就是說，盧梭在這裏所要論述研究的並不是某種具體的政治實體和制度是否合理的問題，而是從根本上探求人類一切政治權利，國家制度之所以能夠成立的根本原理的著作。它是跨越了現實存在的政治制度中一些非本質，偶然的現象，直接深入到政治事件和政治實體的深層，尋找其理論根據的政治哲學的著作。

在對「原政」的解釋上，兆民是這樣概括盧梭的思想的。他說：國家置官設制必定有它的道理，然而並沒有幾個國家的政治制度能同人民的要求相適應，國家正義能同各方面利益相調和。因此盧梭想去研究這些政治制度的根本道理，而不去研究為某一個國家具體制定政策制度。當然盧梭這樣做不能不說就是從純粹理性的角度在研究問題，這也是一個民主國內的公民份內的事。通過這種研究，也就可以進一步知道盧梭的祖國瑞士的制度的優越性，從而為他能

---

❹　同上書，第181頁。

生活在這個民主國而感到自豪和幸福。在這裏，中江兆民又對「民主國」進行了這樣的解釋說：

> 民主國者，謂民相共為政主國，不別置尊也，議政之所，即第七章所謂的君權也。㊾

從中可以看出，在民主國中是沒有君主的。但是為了避免有人誤會他要否定君主，所以在第七章中，他把「主權者」故意翻譯成「君」，因為在民主國中君即為民，民也即為君，實際上這就等於取消了君。這種理解是顯而易見的。

兆民在對第一章，〈本卷之旨趣〉中的解釋中已經明顯地超出了翻譯的範圍而加以獨立的發揮了。請看他是如何發揮盧梭的民約思想的。

他說：

> 這一段是本書的總綱要。……自由權亦有二焉，上古之人肆意為生，絕無被檢束，純乎天者也，故謂之天命之自由，本章所云即是也。民相共約，建邦國，設法度，興自治之制，斯以得各遂其生長其利，雜乎人者也，故謂之人義之自由，第六章以下所云即是也，天命之自由，本無限極，而其弊也，不免交侵互奪之患，於是咸自棄其天命之自由，相約建邦國，作制度，以自治，而人義之自由生焉，如此者所謂棄自由權之正道也，無他，棄其一而取其二，究竟無有所喪也，若不然豪猾之徒，見我之相爭不已，不能自懷其生，因逞其詐力

㊾ 同上書，第185頁。

> 脅制於我，而我從奉之，君之，就聽命焉，如此者非所謂棄
> 自由權之正道也，無他，天命之自由，與人義之自由並失之
> 也，論究此二者之得失，正本卷之旨趣也。**❺⓪**

　　這一段可以說是整個《民約譯解》的中心思想。兆民認為，國家成立的根本在於人們放棄了天命的自由，而根據民約建立了國家，產生了各種政治制度，從而獲得了人義的自由。這是「棄一而取二，究竟無所喪」的事情，也是民主國立國的根本原理。當然，這僅僅是從理想的民主共和國意義上講的。

　　接著，兆民在第一章後半段中說，有人認為國家產生於強者用暴力對弱者的壓制，這是膚淺錯誤的觀點。因為如果說強者用暴力壓服弱者是正當合理的話，那麼，弱者同樣也可以用暴力來反抗強者，這就更應當被認為是正當合理的了，這樣國家就沒有秩序可言了。由此可見，國家並非本於像暴力這樣的自然之理，而本於人民之間的契約。從第二一五章都是在反駁國家之本是天然之理的謬論。實際上就是對維護專制制度的各種謬論分門別類逐一加以批駁。

三、家族不可為立國之本

　　盧梭的《社會契約論》的第二章是「論最初的社會」，兆民把它譯為「家族」。兆民論述說，在所有的社會形態中，最古老、最自然的其過於家族這種社會形態了。然而子女統屬於父母，祇是因為年幼尚未獨立成人，等到長大了就不再統屬於父母了，而基於血緣關係的天然紐帶也就自動解除了。於是為父母者不再為子女操勞，而為子女的也不必再接受父母的照顧了，而父母與子女都各自為生，

---

❺⓪ 同上書，第186頁。

這就是自然之理。實際上也有子女已經長大了，還同父母共同居住，有事也要請示父母而後行事的。子女雖然這樣做，並不是出於強迫，而是出於自願。由此可見，家庭關係也因契約而成立的。並且，父母與子女之所以後來能各自獨立生活而不相互隸屬，這也是由於他們有天命的自主權造成的。他說：

> 蓋自主之權，天之所以與人也，故為人之道，莫重於自圖其生，而其當務之急，在乎為己，不在乎為人，是以苟成長更事，凡可以便身者，皆自擇而自取之，所謂自主權也。❺

兒女們已經長大自立了，雖然他們對父母長輩也很尊重，但這也不能成為父母長輩統治子女們的理由。這是顯而易見的，因為為人之道，在乎自主，而不在乎為人。

接著，他又論述說：世上有人為專制政治辯護時，引證在家庭中父母對子女有支配權為理由說，有了家庭以後才有國家，君主就像父親，而民眾就像子女，君和民原本各有各的自主權，沒有誰比誰更優越，祇是相互利用。而君處上位，民屈居下位，這才建立起了國家。這話乍聽起來似乎有理，其實完全是錯誤的。因為父母對子女的照顧，乃至支配，子女對父母的服從和崇敬，完全是出於親情之愛，所以是合理的。而君與民的關係就完全不同了，君處在上的統治支配地位，民處在下的屈從地位，君主對民眾毫無仁愛之心，而有的祇是發號施令作威作福的樂趣，這怎會對民眾有什麼利益可言呢？

再次，更有甚者就是荷蘭的格老秀斯❺著書論政治。他認為在

---

❺　同上書，第188頁。

上位的統治者建立政治法律制度和國家，本來就不是為民眾利益服務，而是為了奴役和壓迫人民。他以古希臘羅馬的奴隸制存在的事實為根據。而盧梭則明確指出，古希臘羅馬的奴隸制度是人類歷史上最醜惡的制度，並不是不可以改變的，而格老秀斯以過去曾存在的這種惡劣的事實為理論根據，真可以說是暴君的幫凶。

在這裏，兆民特意解釋了兩點。第一「事實與道理，不得相混，蓋事實者，所有之事也，道理者，所當有之事也。」❸在論證方法上，如果把世界上曾有過的一切壞事如暴君，貪官，不慈不孝，行詐為盜的人和事都作為它應存在的理由，那麼世界將會成為什麼樣子？那真理和正義哪還會有呢？第二，以往昔存在的暴君惡制為根據，把事實和道理顛倒，而主張專制制度的合理性，祇能說他是暴君和盜賊的幫凶。兆民強調和發揮了盧梭的思想，其說服力和雄辯性在日本當時的政壇上是極為少見的。

接著，兆民又把格老秀斯和霍布斯❺與羅馬皇帝加利古拉❻的觀點加以比較概括，指出其顯而易見的荒謬性。格老秀斯認為世界上成千上萬的人民應服從幾十幾百的帝王將相等少數統治者的統治。霍布斯步其後塵則主張，民眾是群畜，帝王是牧人，牧人豢養群畜的目的很明確，祇是為了將來把他們宰殺吞食，並稱這是對民眾的愛護。而羅馬皇帝加利古拉早在這些學者之前就明確說過，帝王是神，民眾是禽獸，神居上位去統治禽獸這是理所當然天經地義的事。而兆民則認為這全是胡說八道。

---

❷　格老秀斯，H. Grotius，1583–1645。

❸　同上書，第181頁。

❹　霍布斯，Thomas Hobbes，1588–1679。

❺　加利古拉，G. Caligula，12–41。

早在這三個人之前希臘學者亞里斯多德❺❻說過：人是不能平等的，有為奴隸主的，有為奴隸的，這都是由天命造成的。但兆民認為，這是本末顛倒的謬論。他解釋說：

> 然則強者驅人為奴隸是本也，奴隸人自安屈辱是末也，今亞里士多德，見奴隸自安屈辱。以為命於天，此不辨本末也。❺❼

最後的結論是帝王統治壓迫民眾，民眾受其壓迫而屈服全都是因為沒搞清其受壓迫被奴隸的真正原因是民約遭到破壞。在本章結束時，盧梭用開個玩笑的筆法諷刺說：上古之時，按《聖經》的說法，整個人類都是亞當和諾亞的子孫後代，諾亞的三個兒子分處歐亞非三洲，是當今世界黃黑白三個人種的始祖。盧梭自己說：如果真按家譜血緣關係查一查，也許出身微賤的我恰恰就是遠古帝王的直系後代呢！總之在亞當那時，同魯濱遜飄流到大海的孤島上一樣，自己是君也是民，當然也就談不上什麼統治和謀反之類的事情了。因此也就用不著我盧梭寫什麼論政之類的書了。

兆民對此又發揮說：

> 主人之虐奴非也，則人主之虐民亦非也。世或有據家世為說者，曰：今之帝王，皆繼先世基緒，非也。❺❽

這就是說按家庭的現狀，按人們被奴役被壓迫而屈服的事實，按家

---

❺❻　亞里斯多德，Aristoteles，前384─前322。

❺❼　同上書，第190頁。

❺❽　同上書，第191頁。

族的血緣關係等自然之理，作為建立國家和政治統治及奴役的理由或根據，在兆民看來都是謬論。

四、暴力不可以為權利

盧梭在第三章「強者的權利」中駁斥那種暴力可以變為權力，屈從可以變為義務的觀點，指出暴力不可以變為權力，屈從也不可以變為義務的道理。兆民是這樣論述的，雖然有人說天下最有力的人如果不變自己的力量為權力就不能長久使眾人服從他；天下有非常怯弱的人，如果不把他的屈從變成義務，也不可能長久地為其上司服務。但是，這樣一來，我祇有憑著自己的強大，才能使眾人屈服。相反一旦別人變得比我還要強大的時候，他必定要用自己的力量來反抗我。由此可見，雖說有人認為強者的權力來自變力量為權力，變屈從為義務，但在我看這是一件很難做到的事情。這是因為，凡是所謂強者就是指肉體上有形的力量強大。凡是所謂屈從就是指違背了自己的意志，而去做不得已做的事情。所謂義務就是指自己應當而願意做的事情，我也不知道為什麼屈從可以變為義務。況且凡是屈從於別人的全都出於不得已而為之。並不是出於自己自由自願的選擇和決定。如果它並不是出於自己自願的抉擇，那僅僅是為了保全自己的一種計策，那還談得上什麼義務呢？所以說，所謂憑藉暴力而擁有的權力是人們都非常憎恨的東西。然而在事實上來看，世界上的君臣們沒有不憑藉暴力而建立自己的權力的，但這並不是權力真正的根據。

現在我們假定有這種所謂強者的權力，我看必定會使真理和正義都造成顛倒。因為以暴力為權力的人，一開始所做的事就祇憑暴力而無視正義，如果他辦事不講正義，那世上哪裏還有什麼公理。

於是我以我的力量去壓制別人，而別人一旦有力量勝我，我也就會被別人所壓制，如此返復無常，整個社會就會禍亂相繼而無窮。如果說藉助於暴力壓制人而被看作是合乎理義的話，那麼別人同樣也可以憑藉暴力來反抗我，則也同樣被視為合乎理義的。這樣一來就變成了，力之所在，即權之所在，那麼天下的人將唯力是求。這種祇能依靠暴力而存在的東西，怎麼能還叫作權利呢？並且，凡是因為力量不夠強大而屈從的人那僅僅是出於不得已，並不是根據正義來決斷事情的，既然不是根據正義而屈從於強者，那麼他就什麼奸狠毒辣的陰謀手段都能使用出來，以對付強者。所以可以明白，所謂強者的權力僅可稱為是威脅性的暴力，並不是真正的權力，是有權力之名，而無權力之實的東西。

最後，兆民又解釋發揮說：基督教的僧侶們往往假託天來說話。講凡是強者所加，當立即聽從，因為這都是由上天造成的，人是沒有力量加以反抗的。這種觀點極端錯誤。如果說到上天，那麼疾病流行，到處害人，人去請醫生治病，有誰說這是違抗天意而不讓醫生治病呢！同樣，如果我半夜行路，遇到強盜打劫，除非萬不得已，我們是不會毫不反抗而把錢物交給盜賊的。所以說暴君污吏，藉勢威以虐待我們的時候，就像我們遇到了疾病和盜賊一樣，為什麼不奮力反抗呢？結論是：

> 由是觀之，力不可以為權，屈不可以為義，而帝云王云，其
> 權苟不合於道，無須聽從也。❺

通過這一章兆民的譯解，我們首先可以看出，他是完全理解了

---

❺　同上書，第193頁。

盧梭著作的觀點，指明統治者把實行專制的根據說成是強者的權力的謬論給予了無情的揭露。意在指明，如果權力違反了人民的意志，即使統治者力量再強大，人民的力量再弱小，也應奮起反抗，而決不甘於受專制制度的壓迫和統治，最起碼也應做到「無須聽從」。其次，兆民在這裏對基督教的那種屈從權勢，諉天為說的做法甚為反感，在這一點上甚至超過了盧梭，為以後他向唯物主義無神論轉變打下了伏筆。最後，兆民的翻譯是意譯，像：「力之所在，即權之所在，則天下之人將唯力是求」，「是知強者之權，威力耳，非權也，權之名耳，無其實也」❻等這些語言都是原著沒有的傳神之筆。有些話又明顯是影射日本社會中封建專制制度的一些現象。像「夫暴君污吏，藉勢威以虐我者」，「以賊喻暴君，以財物喻權」等字句也明顯是指天皇和藩閥政府的，這是我們需要細加注意的。

五、奴役不可以為權利

兆民在第四章「奴隸」的一開頭就說了：人生而平等，沒有高低貴賤之分，而暴力又不能變為權利，那麼要想在社會上真正確立起政治權力，使它合乎正義，就祇有在人們之間簽訂契約而遵守，沒有別的辦法了。這是盧梭和兆民共同的思想。

接著兆民展開了對格老秀斯謬論的批駁。格氏的觀點是，既然事實上有人可以放棄自己的自主權去聽命於主子，從而得到主子的庇護，那麼，為什麼國內的民眾就不可以放棄自己的自主權而聽命於帝王，從而得到保護呢？這話乍聽起來好像有些道理。但是，我們要先分析一下這個「棄」字了，所謂「棄」是指「給」呢？還是指「賣」呢？然而一個奴隸顯然不能是自己把自己贈送給別人，祇

---

❻ 同上書，第192頁。

能是為了衣食而被賣掉。至於一國的民眾，我不知道他們為什麼要把自己賣給，或奉送給帝王自願去當臣民。相反那些帝王還等著臣民去養活他呢！帝王怎麼能去供養他的臣民呢？按拉伯雷❻的說法，帝王所需要的生活費用是極其龐大的。那麼臣民除了把自己的身體送給他，還要拿出自己的財產來供養他，我看不出臣民會從帝王那裏得到什麼好處留給自己。

還有人說，帝王專斷為政，是為了保證臣民之間沒有爭鬥而使他們得到和平和安寧。就算是有這種事，但是我們常見到的正好相反。因為帝王大多數都是野心勃勃，能爭好鬥，喜歡戰爭的。而官僚如果貪得無厭，橫行霸道，結果遭罪受苦的還是民眾。與其為了以此來避免臣民爭鬥而言，結果是爭鬥得更厲害了，我沒看到這會對臣民有什麼好處。況且人們當初的願望祇是想求得安寧，但是祇為了求安寧住在監牢中不也是很安寧的嗎，而監牢中的奴隸等待他的祇是被殺死，難道這是他所自願的嗎？

由此可見，說民眾自己把自己賣給帝王而稱臣，很明顯這對民眾而言是一點好處也沒有。如果說有人自己放棄自主權把自己自願地奉送給別人，這話是荒唐可笑的，世界上如果真有這樣的人，那麼他就非痴則癲。同樣，如果說全國民眾都放棄自主權自願把自己全身毫無保留地奉獻給帝王，那就更是荒謬絕倫的了，那是假定全國的民眾都發瘋發狂了。因此說格氏的觀點不足為信，又怎麼能根據它來說明帝王權力的來源呢？

退一步講，縱然全國民眾都自己把自己自願地奉送給帝王了，但是，很明顯他們也不能把自己的子孫都奉送出去。因為無論是誰他們也都有自由權，怎麼能隨便再將他們的子孫送給帝王做奴隸呢？

---

❻ 拉伯雷，Francois Rabelais，法國作家，1494–1553。

當孩子幼小時，父代子與人為約而獲得利益的事情是有的。但是如果說父代子與人為約而讓自己的孩子成為奴隸，父親雖尊貴，但也沒有這種權力，因為這是違背天理良心的事情。所以說，放棄了自由權的人也就放棄了做人的道德，放棄了做人的義務，把自己隔絕於人類之外。如果這樣，他可稱為放棄了一切的人。但一個人如果放棄了一切，也就不可能有什麼東西挽救他了，如果真有這樣的人，那將是天命之所不能容忍的人。因為，一個人放棄了自由權自主權，雖然他還有肉體大腦，但也不能再為自己所利用，他的行為也並不出於自己的意願，他做的事也不是發自自己內心的真情。如果是這樣，即使他做了善事也不可稱為君子，做了壞事也不可以稱為小人。那麼他既不是君子，也不是小人，那他就祇不過是一個禽獸。不僅如此，凡是與人為約而成為奴隸的，這是有約之名，而無約之實。因為，凡是所謂訂契約的事，總是要在自願的基礎上平等的劃分利益和義務。如果說使人成為奴隸的契約成立的話，那麼你專管發指令，而我則祇能服從指令，這又怎麼能稱得上是平等分權呢？如果你專管發指令，我祇能服從，那麼你對我則什麼事幹不出來呢！你支配我，其權力沒有什麼可以受到限制，而我為你服務則什麼樣的屈辱都得忍受而沒有盡頭。僅就這件事本身不就完全破壞了契約的最初意義了嗎？況且我已經完全放棄了我應有的自由權。那麼，凡是我所有的，全都是你所有的。一旦你憑著你的權力來對付我時，我同樣也有權這樣對付你，則我的權力也即是你的權力。這樣就成了用自己的權力來對付自己的權力的怪事。天下哪有這種荒唐的道理。所以我說，與他人訂約而為奴隸這件事，有契約之名，而無其實啊！

　　在這裏，中江兆民按著盧梭的思路層層詳細深入地分析批駁，

嘲笑怒罵，把專制制度所謂奴役有理、壓迫有理的理論駁得體無完膚。由於兆民生活在東方的封建專制歷史久遠的國度，所以深知這種制度的殘忍性不合理性，所以思路更為清晰有力。在分析中他還運用了儒家的天理良心的觀點對專制主義的反人道的性質進行了批判，這是盧梭原著所沒有的論述。

接著，兆民又按盧梭的思路批駁了戰爭是產生奴隸的原因的錯誤觀點。格老秀斯等人說，在遠古的戰爭中，勝者有權殺死敵人，但沒有殺他們，於是戰俘為求活命，放棄自主權變成了奴隸。這樣雙方都得到了各自的利益。這種說法看起來很巧妙，但這是完全違背戰爭的道理的說法。下面分析一下戰爭。在遠古的時候，人們完全自由自在的生活聚散離合也沒有定形，因此戰爭和和平也都不存在，因為人類相互敵視並非是人的本性，並且戰爭是兩國之爭，不是兩人決鬥。遠古沒有土地私有，沒有國家，所以也就沒有戰爭。雖然也有一、二個人相爭鬥，也稱不上是戰爭，等到有了土地私有，有了國家和民眾，戰爭也就有了法度，這時也就不能隨便俘虜他人為奴隸了。所以說，戰爭是國與國的爭伐，並不是人與人的爭鬥。而兩國人相互為敵這祇是暫時的事，並不因為他是外國人，而是因為他是敵國的軍人。所以說戰爭是一定要以國家為敵而不是以個人為敵的。為什麼要把國家同民眾區別開來，這是因為道義上的原因。因此古今知禮義的國家都以道義作為戰爭的法度。

如何證明呢？請看兩國戰爭時宣戰的方式，凡是要出兵發動戰爭的國家，一般都要先派人下戰表宣戰，通報進攻的時間。這樣做雖然可以使對方有所準備，但同時也可以使該國民眾躲避戰亂。所以，除軍人外，廣大民眾往往都挑擔攜家逃跑。相反要攻打一個國家事，先不宣戰就趁其不備突然襲擊，這時無論來自帝王，還是將

相，還是普通人都要視為強盜，而不可視為敵國，這是在歷史上常見的慣例。所以，古今精通用兵之道的人，攻打別國侵入國境之後，祇對政府和軍隊的財物及人員要處置，搶奪以充軍需，而對別國民眾的人身財產則要下令一律嚴禁侵犯。他們知道尊敬敵國民眾也就是保護本國國民的道理。況且，戰爭的目的在於征服敵國，而不在於殺傷敵國民眾。所以在戰爭中，敵國有拒降反抗的，可以殺死，如果已經放下武器投降的就不能再殺傷了。這是戰爭中的自然之理，並不像格老秀斯引用古代詩人所說的妄斷臆想之言那樣。

縱然說，戰爭中勝者有殺死敵人的權力，那從敵國和敵方來看，即使他們為奴，也沒有必要繼續遵守為臣下的道德。如果一有時機，他們一定會奮命反抗，再與勝者為敵，以希望爭取解脫。這是為什麼呢？這是因為，我最尊重自由權，視之為生命，而他們一定要奪走我的自由權，才讓我存活。這並不是他們對我有什麼恩德，他們心裏一定會這樣想：殺了這俘虜對我也沒有什麼好處，不如奪走他的自由權。所以他們讓我活著，祇是為了他們自己的利益，對我一點恩德也沒有。那麼，他們讓我活著，又使我成為他們的奴隸。所以，我也要同樣來把他作為敵人，等待時機以求爭脫，和剛開始戰爭沒被俘虜時一個樣。這時雖然也有人把它稱作權力，實際上它仍然是憑藉暴力來維持的。他們或者會說，你從前放棄自由權以求活命，這也是你我之間自願訂的契約呀！你現在怎能違背契約反抗我呀！我會馬上回答說，你我當初訂的就是互為敵人呀！我現在反抗你，正是履行從沒中止的與你為敵的契約呀！在這時，你說的違約正是履約。我這樣說，你也沒有什麼話可以反駁我了。

由此可見，所謂對他人奴役的權力不僅違背於道德，而且也違背於理義，完全是胡說八道。說奴役就談不上權利，說權利就不能

再說奴役，這兩個概念是完全不相容的。如果硬要這樣說就等於有一個人和別人立約說，根據我們的契約，我祇享受其利益，而你祇能承受其損害。又說，這個契約對我方便有利，所以必須履行它，而對你雖然很不便利，你也應當遵守它，這就是契約。當然這種契約和君民之間的契約一樣，全都是違背理義的胡說八道。由此看來，兆民在這裏按盧梭的思路對專制君主制做了多麼深刻而辛辣的揭露和諷刺。

六、終不可不以契約為立國之本

這一章是對所駁斥的謬論的最後概括和總結。兆民在這裏首先說，前邊所駁斥的觀點都是荒唐的謬論。現在退一步僅就事實而言，世上主張專制制度的人也不能持這些觀點，這是為什麼呢？兆民說，依法治國和藉威制眾其後果是完全不同的。有的人認為憑藉強暴就可以使民眾屈從。但是從法理上講，雖然有的人可以統治百萬的民眾，我也認為這祇不過是一個主子和眾多的奴隸，而不能稱作明君與民眾，是血緣的部落，而不能稱為國家。為什麼呢？因為他是憑藉暴力來壓迫民眾而不分配利益給民眾，如果不給民眾利益，還怎能談得上是明君呢？這樣的人雖然也能擁有天下廣大的土地和臣民，但這些祇能說是為他一個人的利益服務的，而不是為民眾謀利益的，這祇能是私利，他挾有其私利來對待民眾，不稱他為獨裁者而又稱作什麼呢？總有一天，人民會起來把他的統治推翻，其集團也就崩潰了。所以說這不能叫國家，祇能稱為烏合之眾的團伙。

格老秀斯說，一國的君主是由於全國臣民推選出來的。就算有這樣的事，在其沒有推舉之前早就應當有國家了。既然有國家了，也就有政事了。所謂推舉之事也屬於政事。可是如果它是政事就不

能不讓眾人自行討論而決定。如果是這樣，與其論述民眾是為什麼要推舉君主，就其不如先論述國家建立的根據了。因為建立國家，勢必要在推舉君主之前，所以應當從這裏來進行對政術的論述才對。假如民眾還沒能推舉君主之前，還沒有國家，我不知道因為什麼才能形成推舉之事呢？眾人相會，大家全部都同意而沒有一個人反對，則事情就好辦了。如果萬一有一百多人贊同，而又有十幾個反對，那麼這一百多人將根據什麼來行使其贊同的意見呢？眾人討論決定事情，一定要出現持某種意見人數多少的問題。然而這就需要事前就對此如何決議有一種共同的約定，而在沒有國家之前，就不可能有契約之類。所以說在民眾能推選其君主之前就一定有一件事是所有民眾都同意的事。這正是我要論述的，那是什麼事呢？那就是眾人共同訂立契約而成立國家這件事。

兆民在這裏對此解釋說：格老秀斯說，國民推舉君主賦給了他專斷的權力。盧梭則說，民眾相互共同立約建國，應當在推舉君主之前，這就是民約。民約一經訂立，人人遵守法規條例，而推舉君主之事，也就不可能產生了。從第一章到這裏是專門駁斥為君主專制觀點辯護的各種謬論的。指明以各種基於自然之理基礎上的理由來為專制制度辯護完全是站不住腳的，它既不合乎道理，也不合乎人情，雖然它現在是歷史上曾長久大量存在的事實，但根據事情發展內在邏輯，專制制度必然滅亡，代替它的是建立在民約基礎上的自由民主制度。

第四節　《民約譯解》(下)對民主制原理的正面論述

在這裏，中江兆民從正面集中論述了建立在社會契約，即民約基礎上的民主制原理，其中有：社會契約，民主國家的主權，社會的公民狀態和土地財產等問題，系統闡述了在民主制度下，人們放棄了天然自由權後，進入到了人義的自由，即國家和社會的狀態下如何保證人民過著自由平等的生活等政治問題。

一、社會契約

兆民把盧梭的社會契約翻譯成民約，這是兆民民主思想的理論基石。他首先從理論上論述了民約是如何才能產生出來。他說：常言道遠古時代，人們自由自在的生活，但在這個漫長過程中經常碰到天災人禍，僅靠分散的個人力量遠遠不足以抵擋災禍而保存自己，以防止種族和人類的滅絕。這就必然要求人類自身能產生一種巨大的，帶有根本性的變革。但是，人類本身的體力和智能都是自然的產物，如果依靠自然界本身的力量，想使人類的體力和智能產生巨大的突發性的改變，這幾乎是件不可能的事情。所以為了抗拒天災人禍，而求得人類自身的生存和發展，除了人們之間相互合作，結合成一個集體，使眾人聽從一個人的指揮調動，發揮出人類集體合作的力量以外，不可能再有別的辦法。雖然說使個人參加到由眾人組成的集體之中去，也有它不能避免的缺點，那就是，我們每一個人的體力和智力祇能個別的存在於我們每個人自己的身上，它是我

們每一個個人生存和發展的必不可少的條件。我如果把它奉獻出來，加入到集體組成的合力中去，那它就不能再為我個人所使用了，這對於我個人來說不就是一個損失嗎？這正是人類自身大變革中的一個難題呀！而社會契約或民約能夠確立的秘訣也正在於此。雖然說歷史事實是如何具體處理這一複雜的難題的，現在已經無從考證了。但是，從理論上的必然性來講，那古代和現在都是遵守同一個道理。所以我們要按著大家都公認的這種理所當然的道理來推論如下：

眾人在一起反覆的商量討論以後說：我們怎麼做才能相互合作結合成一個集體，依靠大家共同的力量來保證我們每個人都能生存發展呢？或者說，我們怎麼做才能使我們既相互聯繫合作，又相互制約區別而組成一個集體，並在其中，絕對沒有人壓制人，人欺負人，每個人都保持著同從前沒加入集體時一樣的自由權呢？這就是國家之所以成為國家，人民之所以成為人民的根本所在。然後人們就在此基礎上按條目一條一條的加以研究，制定出社會契約即民約來。其目的、內容、操作辦法等制定的非常嚴密和詳盡，要求不能隨便加以改動。如果有誰隨便改動或者不遵守這種民約，那它就成了一紙空文，不能收到應有的效果了。盧梭說雖然這種民約的具體內容，我沒曾聽到過，也沒見寫成文字的。然而它具有的精神實質一定是合情合理，不可改變的。凡一國中的民眾沒有一人不把它做為國家的根本而牢牢記在心裏的。這時，如果有人違反了民約，法紀鬆懈，就會引起很多人破壞民約，社會風氣大壞，到頭來人們的自由逐漸變少，大家又回到原始狀態中去了。

在這裏，兆民解釋說：

英國人邊沁反對盧梭的民約論說，世界上根本沒人聽到過盧

梭所講的那種民約。那是因為邊沁沒有讀過盧梭的這段話。
盧梭自己也說過，民約的條目我沒曾聽到過，也沒曾看到寫
在紙上的話。但是盧梭非常討厭社會上有些人往往以現存的
事實為根據來議論政術。所以本書，是專門從理論上立論而
說的，是論述理義之所當然，而開始時不問事實之有無。邊
沁是論作用，盧梭是論本體，邊沁是論末，而盧梭是論本，
邊沁是論利，而盧梭是利義並論。所以二者不一樣。❷

從中我們可以看出，兆民在這裏是明顯反對實證主義的狹隘經驗主
義，是從哲理的普遍性上來理解盧梭的政治理論。兆民準確地抓住
了盧梭獨特的、往往很難被人理解把握的理性演繹論證的方法。
接著，兆民對民約進行了集中的概括。他說，民約的條目雖說有許
多，但總的來說就祇有一條：即每個參加集團的人都把自己的全部
權利毫無保留的交給集團，而沒有一個人例外，然後，他們都可以
平等的在集團中分得到合理的利益，那麼，人們自私害人之心就不
可能產生了。每個人都把自己的權利毫無保留的交給集團，然後相
互之間結成了緊密的聯繫，這樣就沒有人來喊冤叫屈了。如果不是
這樣，有人對集團有所保留，不肯拿出全力，那麼集團就不能建立
起來。這是為什麼呢？因為集團之中沒有主子，一旦有人同集團有
爭議，而那人就可依他所保留的權利同集團對抗，就沒有人來從中
裁判是非。如果每個人都照此辦理，那麼從前那各自為政一盤散沙
的天命自由就又恢復了，到這時，那麼這個集團不是變成暴力集團，
就是要變成毫無實力的空架子了。
　　由此可見，所謂民約就是指參加集團的人每個人都是將相，都

❷　《中江兆民研究》，桑原武夫等編，第202頁，岩波書店，1966。

把自己的全部權利獻給了眾人。但是，這決不同於以前把自己的權
利獻給君主。因為這雖說是自己給眾人做奉獻，其實你什麼也沒有
奉獻。為什麼這麼說呢？因為每個人都給眾人做奉獻，而毫無例外，
就是說沒有一個人不從眾人那裏得到利益，也就是說沒有一個人不
是自己在獎勵自己。所以說我為眾人做奉獻，實際上就是為自己做
奉獻，並沒給眾人什麼。不僅如此，我們每個人都給眾人做貢獻，
憑大家的力量就能合成一股巨大的力量來保護我們，就比我們個人
從前各自單獨保護自己的力量不就更大嗎？這樣一來，民約對於我
們每個人來說，不但沒有任何損失，反而還能有更多的收穫呢！所
以說，所謂民約概括起來說，就是每一個人都貢獻出自己的全身心
的力量供給全社會的人們使用，並且按著民眾共同的心願來行事的
意思。這完全是徹底的民主主義理論。

最後，民約已經制定了，於是地域就變成了國家，人群就變成
了人民。人民就是民眾的意志相融合而結成的整體，它是民約的本
體，以議會為心肺，以法律條例為氣血，這樣就能流暢地表達出本
體的意志和思想。本體自己沒有形體，以眾人之身為形體，它自己
也沒有意志，以民眾的意志為意志。兆民就這樣確立了民約的地位，
以此為據，國家和人民的地位也就確立了。民主政治的其他概念也
全都出自於此。

二、民主國家的主權

盧梭在這裏的原題是「論主權者」。其意思在於民約已定，則
主權在民，國家則代表人民來行使這種主權。而兆民也完全是同意
和主張這種思想的，但是兆民在翻譯它時卻把它譯成了「君」。這
裏除了表明兆民對天皇政府所抱有的幻想以外，還反映了兆民的策

略思想。我們通過他對主權者的解釋中，可以看出，他把君分為兩類，一類是代表民意的主權者，叫「明君」，像明治天皇那樣，可以成為明君。另一類是依靠暴力壓迫民眾的暴君，而這類君主，在兆民看來稱不上是君主，祇能叫獨夫或獨裁者。

兆民說：

> 然所謂君者，以不過為眾人相合者，雖云君臣交盟，實人人躬自盟也，何以言之，曰：眾人相倚為一體，將議而發令，即君也，非別置尊奉之，而凡與此約者，皆有與乎為君也……故臣之於君，猶片段之於全體。**⑥③**

這段話是說，所謂國家的主權，祇不過是集中了民眾的意志而成的東西，雖然對民眾來說，也有領導與服從，發令與執行的關係。但這祇不過是民眾自己發令，自己執行而已。為什麼這麼說呢？因為眾人相互依靠而組成整體，共同商議形成統一意志來發令或領導，所以他服從和執行的也就是代表了包含了自己意志的東西。這就是主權者，或者是君主，並不是說在這之外另設立一個領導、指揮、發令者。個人對於主權者，就像部份對於整體，而不是原來的君臣關係。君無形體，人人是君，人人又是臣。所以大家共同討論而制定決定的東西，那就每個人都必須遵守執行，每個人都一身而兼兩職，既是決策、發令、領導者，又是服從、執行、遵守者。如果誰不遵守、執行，那就等於這個人背叛了國家和民眾，臣背叛了君。

因此，政府中的君主和官吏都必須依據民約來辦事，不得違背民約，如果違背了民約，即使他們的說法和做法看起來再有道理也

---

⑥③　同上書，第205頁。

是不合法的。民眾的意志是最高的法律，主權在民，主權不可分割，主權不可轉讓，主權是直接的，這些思想可以說是兆民民主思想的精華。

根據上述原理，民眾將自己的利益結合成一個整體，這就是集體和國家的利益。所以凡是對每一個人的侵犯，就是對整體的侵犯，所以國家根據民約就能保護每一個公民的利益，而每一個公民也要根據民約擔負起保衛自己國家的義務，這樣組建起的集體和國家是天下無敵的。所以說，所謂君主不過是民意的代表者。兆民說：

> 是故君唯無立，立則以義始終而已，公意之所在，君之所在也。❻

很明顯，兆民的意思是，最好是不要立君主，但是在日本已經立了君主，那就應當要求君主由始至終都要把公意放到首位，與公意同存亡。否則君主祇能是徒有其名的東西。這同帝政派和保守派所說的「君主」完全不是一回事，這也是值得我們特別注意的。

接著，兆民又指出，民眾制定了民約並不算完事了，重要的問題還在於如何遵守和執行民約。這是因為每個人都一身兼兩職，這樣公意和私情，國家利益和個人利益就有矛盾。有的人祇要得到國家和集體貢獻給他的好處和利益，而不願意為國家和集體貢獻出自己全部力量。或者有的人祇顧個人的自由和私情，不願服從公眾的紀律和法規。當許多人的私欲私情不斷地侵犯公眾和國家的利益和意志時，最後民約也就會被破壞得精光了。所以我們還必須找到一種防止民約被破壞成一紙空文的辦法。那就一定是在民眾自願或公

---

❻ 同上書，第206頁。

意基礎上採取必要的強制、強迫或暴力的手段，迫使私情私欲膨脹的人們遵守和執行公意。這是民主政治得以貫徹的一個關鍵環節。如果沒有這一招法，那麼所謂自由平等民主祇不過是一句空話。雖說是採用強迫手段讓人們去執行公意，這也同封建專制的壓迫有本質的不同。因為這正是為保證他自己和社會大多數人的自由權，同民約的實質精神完全一致的。這也是不得已的輔助性手段，主要還是依賴每個公民自覺地遵守和執行民約。

三、自然狀態和公民社會狀態

當民約建立，國家出現以後，人類就從野蠻的自然狀態進入到以理性為指導的文明社會狀態。兆民把前者稱為天世，後者稱為人世，並對二者進行了比較研究。他認為，人類一旦進入到社會狀態，他們的思想行為都發生了巨大的變化。原先人們無拘無束、自由自在，依著自己的情欲行事，同禽獸沒有多少差別，而現在則要根據理智和道德行事，要區別智愚、善惡和美醜，要區分君子和小人；原來是人人唯力是圖，唯利是圖，不知道關心照顧他人和集體，現在是遇到利害福禍能想到大家，不再自私自利。這樣說來，人類進入到社會狀態以後是有所得，也有所失。然而二者比較一下，則可看出所得遠大於所失。為什麼呢？因為眾人在一起共同生活，互相幫助鼓勵和影響，在增長知識上，在道德情操的培養上得到了很快的進步，這樣在千萬個物種之中，人類才成了萬物之靈長。回顧原始的人類，與禽獸為伍，野蠻愚昧，毫無自控能力，慚愧得很呀！但是這也有一個缺點，那就是人的智慧一開了竅，就再也不能把它堵塞上了。一旦有些人不幸志趣失去正確方向，就會變得狡猾奸詐，或者腐敗墮落而不能自拔，到後來，為一些更奸雄狡詐的壞人所欺

壓，這樣有些人在社會中的自由權就會喪失了。相反，如果我們每個人都能自覺自願的恪守民約，千年如一日，則我們的自由權就可以得到保留和發展，人類社會就會空前發展，遠遠脫離野蠻的像禽獸一樣的自然狀態。當我們比較確立民約以後的得與失的時候，可知，失去的是天命的自由，而得到的是人義的自由。天命的自由是沒有限制的，人人都祇唯力是從的。凡自己想要得到的，都祇憑自己的實力去追求，總在得不到以後才肯罷手。人義的自由是適應在眾人一致同意的基礎上，同時也受限制於眾人一致反對的基礎上。所以說憑天命的自由能得到的，叫奪有之權和先有之權。奪有之權是指趁著別人沒有力量能保護自己的東西時，從別人手中硬搶過來而占有的意思。而先有之權是指別人還沒來得及下手之前，而自己搶先一步就把某物占歸己有的意思。這兩種權雖然也都被叫作權，實際上它祇是同力量一起產生、一起消亡的東西，祇能說是力量，還稱不上是權利。而由人義的自由所確定的權利叫作保有的權利，這種權利是被眾人承認的以書面形式固定下來的，其產生和消亡是同力量沒有關係的，這才是真正的社會權利。

由於民約的確立給人類帶來的另一件最大收穫是人們開始穫得了一種高尚的心神的自由。在古時候，人類雖說也能無拘無束的自由生活，但那祇是憑情欲行事，不知道自我修養，仍然處於被奴役的狀態。民約確立之後，社會進入了文明狀態，人們能按理性和道德生活，其精神文化生活十分豐富多彩。但論及心神自由已屬於哲學範圍，並非本書的目的，所以不加詳論。

對於自然狀態和社會狀態，最後兆民又概括說：

　　邦國未建之時，人人縱欲徇情，不知自修屬，故就貌而觀，

雖極活潑自由，實不免為形氣之所驅役，本心始終未能為主
宰，非奴隸之類乎？民約即立，凡為士者，莫不皆與議法，
故曰自我為法，而法律既設，莫不相率循之，故曰自循之，
夫自我為法而自循之，則我之本心，曾不少有受抑制，故曰
心胸綽有餘裕。要之，因民約所得，比其所失，相距遠甚，
故第六章末段亦言，人人之於民約，無乎所失，而有乎所得
矣，參觀而益明白。❻⑤

這段總結同第一章末的解釋完全相同，基本精神是民主共和制度的
建立，既可以擺脫自然界對人類的奴役，也可以克服專制制度對人
們的壓迫，是人類社會最為理想的制度。不實行這樣的制度，還實
行什麼制度？

四、土地和財產的占有權

　　民約和國家成立以後，人們對土地和財產的占有權也完全不同
於自然狀態下的情況了。兆民說：在這時，每個人都把自己的一切
財產人身和原來占有的土地全都歸於國家主權者，即君主的名下，
這成了民約的一項重要內容。然而這祇不過是一件名義上的事情，
而實際上每個人都還占有著自己的土地和財產，並從中獲得利益，
這同自然狀態下沒有區別。就這樣，由民眾和土地相結合而構成了
國家的主要內容。為什麼說，每個人必須把土地歸於國家的名義之
下呢？這是因為，國家的主權是由民眾的統一意志所組成的。國家
的領土主權也就要由民眾所擁有的土地而合成，這樣才能形成一種
強大的力量，這種力量就是國家主權的力量。每個人依靠這種力量

---

❻⑤　同上書，第210頁。

的保護，比在自然狀態之下，每個人靠自己弱小的力量來保護自己的土地和財產時的力量要強大得多。不僅如此，這種關於土地和財產的民約是國家一切法律成立的基礎。在一切法律條文中它是最為重要，必須要遵守的根本原則。所以我們把眾人的土地歸於國家名義之下，這是名正言順，合理合法的事情，有了這條原則以後，我們的土地和財產就不能再受到他人的侵占。所以這種在法律上合法的又在實際上增強我們保護土地和財產的力量的事情，為什麼不實行呢？在這裏，充份體現了兆民為資本主義私有制的合理性辯護的明確立場。兆民又把它同自然狀態下的情況進行了比較說：民約未建立之時，每個人所有的土地，全都不過是根據前邊說的先有的權利。等到民約建立以後，土地全為國家所有，而我們則從中獲利，於是先有之權就變成了保有之權，他人則不能再來侵占了。然而對另外一個國家來說，我們對土地的占有仍然是根據先有之權。這是因為我們同那個國家沒交涉，國與國之間沒有共同的主宰者，所以他們不承認這種先有之權。這樣看來，我們要實行先有之權就必須有保有之權的保護，才能行使先有權。因為先有之權名為權，實際上是憑力量而行使的。如果有力量比我個人大的，先有之權則落空了，它是極弱小的，不可以長期依靠的權力。而保有之權則不同了，它是極強大的，一經確立以後，人們都受其保護，不可以再加以侵犯的權利。所以，在社會上人們之所以尊重我的先有之權，而不敢侵犯它，不僅是因為這塊土地為我先占有它，更因為它不是為我所有，而是為國家所有。所以說，先有之權，必須有保有之權的保護才能見到效果，保有權勝於先有權，是真正意義上的權利。

眾人全都把自己的土地交給政府，然後再由政府簽發土地證發給眾人。這樣眾人雖然在名義上都是借地者，而實際上他們占有土

地和當初沒有區別。並且如果有人來侵占我們的土地，鄰國人膽敢侵入，政府則派兵出力為我們抗擊來犯者，收復被奪走的土地還給我們。這樣，我們把土地交給政府，雖說是有利於政府，而實際上更有利於我們自己，這是應當明白的事。

接著又講，如果在沒有土地之前，眾人想要相互結合而形成國家怎麼辦？那就應當先找一塊能使眾人容身的地盤來占有它，然後再對這塊土地進行分割。無非是兩種情況，一是平均分配，二是按大小好壞加以搭配分配，這就由國家來決定了。但是不管怎麼分配，其國家對土地的支配權一定要在民眾之上。因為如果不這樣，國家的權力就會因為民眾之間的利益不均而相爭不止，最後國家的權力成了空話。就是說國家應擁有對民眾各人土地占有權的調整支配的權力，這樣國家的政權才能穩定。

最後的結論是：國家制定法律、民眾議定民約的基本精神在於使不平等的自然權利在社會中得到平等自由，而再也沒有人壓迫人、人欺騙人的醜惡現象。他說：

> 邦國之所當為法，可知已，曰：均不均是也。蓋天之降才，
> 固不能均，有智者焉，有愚者焉。而其肆意為生，所謂天命
> 之自由，無有限極。民約一立，權力成均，不得復有侵。此
> 即前所云，棄自由之正道也。若智者欺愚，強者暴弱，而無
> 所顧憚，復何邦之為？❻

綜上所述，兆民在《民約譯解》中第一次完整，系統地介紹和發揮了盧梭的激進的民主主義思想。對維護封建專制特權的各種謬

---

❻　同上書，第214頁。

論，如君權神授、血統天命、君貴民賤、屈從認命等觀點進行尖銳地揭露與批判，對西方各國的民主思想的理論基礎、天賦人權、社會契約、法治精神，自由平等進行了深入淺出的耐心介紹與解釋，並且在講解中能結合日本固有的文化道德儒家思想中的合理因素加以發揮，這樣形成的中江兆民的政治思想可以說是一種東方式的、日本式的民主政治的思想。對此，他本人明確說過：

> 民權是至理，自由平等是個大義。違反這些理義的人終究不能不受這些理義的懲罰。……帝王雖說是尊貴的，祇有尊重這些理義，才能因此而保持他們的尊貴。中國早已有孟軻和柳宗元看穿了這個道理，這並不是歐美專有的。**⑰**

其次，中江兆民的政治思想，更側重於從理論、理性的深層次上來探討民主主義的根本道理，這除受盧梭原著本身的理性論證方法所規定以外，也同中江兆民對哲學問題深感興趣有關。他不是簡單地停留在對自由民權的具體要求的論述上。這是他的民主主義的政治思想不同於當時其他思想家和政治家的地方。正因為如此，他能從更高的層次上來把握和指導當時的日本自由民權運動的未來發展趨勢，洞見到日本遙遠的未來。因此日本理論界評價說他是東洋的盧梭，這是當之而無愧的。

---

⑰ 《一年有半·續一年有半》，中江兆民著，吳藻溪譯，第32頁，商務印書館，1979。

第三章　進化論的社會歷史觀

中江兆民在《三醉人經綸問答》一書中集中論述了他的進化論的社會歷史觀，同時進一步深化了他的自由民權思想，對日本政局的前途做了分析和展望。這是我們全面了解把握他的哲學思想的一個重要方面。在這一章裏，我們將就該書的寫作背景和主要內容進行論述分析。

第一節　該書寫作的背景和構思

一、該書寫作的背景

1887年正值日本的自由民權運動走向高潮，而政府開始對之進行瘋狂鎮壓的前夕，也正是日本首相官邸舉行大規模的西方式化妝舞會，即所謂的「鹿鳴館崇洋媚外的時代」，日本的政界、經濟界、文化思想界空前活躍的時期，在這時孕育著日本後來各種相互衝突的思潮。從政治上、總體上講，全國的有識之士都一致希望振興日本，走文明開化，富國強兵，即所謂資本主義近代化的道路，追趕西方列強，實現脫亞入歐。對此日本全國上下都沒有什麼大的分歧，因為這是符合歷史大潮流和廣大民眾願望的正確的理想和志向。但

是在如何做才能達到上述理想目標上，則又明顯分為極為對立的兩大派別和觀點。一種觀點認為，日本原來的基礎同西方列強比較都很落後，因此應當保持舊的天皇專制制度，加緊對國內民眾的控制和奴化統治。對外擴大軍備，發展軍火工業，靠走軍國主義侵略別國，宏揚古代日本武士窮兵黷武精神，來達到振興日本的目的。另一種觀點則認為，要想振興日本，則必須努力學習西方先進的科學文化知識和政治經濟制度，對舊傳統的一套實行徹底的民主改革，還政於民，建立符合日本國情的民主共和制度，這才是真正正確的興國之路。在經濟上則主張大力發展民族工商業，開放市場，用優質廉價的商品大炮去打開落後的鄰國的大門，即走所謂商國主義的道路，從總體上看，中江兆民是反對前者而支持後者的。正是面對著這種日本社會歷史發展的十字路口，人們的思想和心情十分複雜之時，中江兆民通過極為巧妙的構思和優美的文筆，為我們塑造了三個性格、思想迥然不同的典型人物，通過他們之間的對話，問答和爭論，把十分複雜、微妙、矛盾的各種社會思潮進行了概括、整理，展示在世人面前，同時十分清楚而又巧妙地說出了他自己所主張的進化論的社會歷史觀，並且又進一步深化了他在《民約譯解》中提出來的自由民權的政治思想理論。這就是寫這本書的時代歷史背景。

二、該書的巧妙構思

這本書用的筆名是南海仙漁，兆民常把自己比喻成中國古代具有治國韜略的隱士，在海邊或河邊垂釣，或者在深山老林中打柴的老翁，這帶有中國《史記》和老莊思想的明顯印記。兆民說這位南海先生性格古怪，喜歡喝酒，又非常喜歡談論國家大事。但喝起酒

來，祇喝一、二小杯就飄飄然起來了，就好像自己已飛向了太空，無比興奮和快樂，絲毫也不知道人世間還有憂愁和痛苦的事情。如果再喝上一、二小杯，心情就會激動起來，思路如泉湧，雖居於斗室之中，則能雙目通觀大千世界，用一瞬之間就可以橫貫歷史和未來，追溯千年之前，預見千年之後，能指點世界前進潮流的方向，講解改革社會的文韜武略。他自己默想：「吾乃人類社會前進的指南車，世界上那些近視眼的所謂政治家們實在太狂妄了。他們拿著羅盤來指引航船，或使之觸於暗礁，或使之擱於淺灘，自遭其災禍，而讓眾人也隨其遭災禍，這實在是令人太可悲可憐了！」然而，先生雖身在這個世界之中，但心神則常登到虛無山上，到飄渺鄉裏去漫游。所以，他所說及的地名和所談論的歷史，祇是他所說及的那個社會的地理和歷史，同我們現實的地理歷史又往往有所不同。但是在先生的地圖中，有氣候寒冷的國家也有溫暖的國家；有強國也有弱國；有文明國也有野蠻國。在其歷史中，有亂也有治，有盛也有衰，同現實世界的地理和歷史也大致上能相對應。如果等他再喝上二、三杯時，眼睛也花了，耳朵也紅了，就手舞足蹈，張牙舞爪起來，直到最後醉倒而大睡起來。等到睡完了二、三小時酒醒夢回之時，凡是酒醉時所說的話、所做的事忘得一掃而光，一概不知道了，就好像什麼事情也沒有發生一樣。

在先生的朋友之中，也有知道先生的為人的，為了聽到先生在酒醉之時的奇談怪論，常帶著一壺酒、一些菜肴而到先生家中來拜訪他，相互舉杯共飲。等暗中看出先生有幾分醉意之時，則故意來說出當前國家的大事，以此釣引出先生的話語來，有些人則往往以此來做為他們一時的樂事。先生對此也多少有些察覺，因此自己心中暗想：「等我以後再說到有關國家大事的話題時，趁著還沒大醉

之前，把其中重要內容都一一記錄下來，將來有一天拿出來再潤色一下，編輯成書出版，或能自樂，或使別人也同樂，這不是很好嗎？就這麼辦。」

最近幾天，陰雨連綿，連日不開，先生心情鬱悶，感到很不痛快。偶然一天，先生喝酒獨酌，偏偏等他喝得稍有醉意之時，來了兩位客人自帶一瓶名稱「金斧」的西洋燒酒。先生從來也沒見過這兩位客人，也不知叫什麼姓名，但是一見到那洋酒，心裏馬上又增添了幾分醉意。祇見其中一人，從頭到腳身著西服，腳踏革履，中等身材，面目俊秀，舉止瀟灑大方，談吐流暢文雅，一眼看出他必是生活在思想的樓閣，呼吸著理義的空氣，按著邏輯推理義無反顧，永往直前，不屑顧及實際事物發展中的迂迴曲折而採取行動的哲學家。而另一位則是身材高大、體格魁偉、面貌嚴峻、雙眼銳利的人。他身著黑襯底白花點的和服，一看就知道這是一位喜歡冒險事業，不惜以自己的寶貴生命去換取事業的成功和高尚名聲的英雄豪傑式的人物。二人就座，行過禮後，開始慢慢的斟滿了他們帶來的洋酒，先敬主人。等酒喝到漸入佳境之時，先生也不問他們的姓名，直呼一位叫紳士君，另一位叫豪傑君。二人都笑了，也並不在乎，任先生這樣稱呼他們，而進入了談話的主題。

在這裏中江兆民採用了高超巧妙的構思，以避過當時政壇上各種風險和禁令，達到毫無保留論述政治歷史社會問題的目的。「經綸」二字原本是中國儒家經典《中庸》中的詞句，指研究討論國家天下大事的意思。在明治維新時，天皇發布的五條誓文中有「宜盛行經綸」，也是指由政府和民眾共同來商討國家大事的意思。但在封建王權專制制度之下，像國家大事這樣重大嚴肅的問題祇能由達官顯貴和文人雅士去參與，一般平民百姓是不能參與的。俗稱「閒談

其論國是」，而兆民偏偏要論國是，並且還把各種不同的觀點擺出，在爭論對話中來談國家大事。所以他祇能採取虛擬現實的手法，在夢境和醉意中議論國家大事了。但俗語中又有「醉翁之意不在酒」，「酒後吐真言」。而兆民通過「醉人」的對話確實能達到暢所欲言地把自己真實想法通盤說出來的目的。如有人反對，他則可以說「醉人之言不足掛齒」而搪塞過去。所謂構思高超和巧妙正在於此。這也是這本書難以令人理解之處。

　　另外，關於三醉人同兆民思想的關係，在日本學術界有各種不同說法，還有些爭議，焦點是南海先生和紳士君誰代表兆民真實思想。其實這種爭論有點過於學究氣了，如前所述，這三個人物都是兆民為了論述當時流行的思想觀點所構思出來的虛擬人物，是戲說式的人物，是「醉人」。對於「醉人」就沒有必要過於認真地分清誰是代表誰，來對號入座，事實上也是不可能分清的，例如我們對詩所描寫的境界也要追求實證一樣可笑。但是我們可以從思想傾向、理論觀點的相似性上來看一下它同兆民思想的關係。筆者認為，這三個人物是從不同角度和側面，以不同的程度反映了兆民的思想。細分起來，洋紳士的思想很明顯從本質上代表了兆民的思想，特別代表了兆民早期，直至《民約譯解》以來的思想，這是毫無疑義的。但是兆民對其中過於理性化、理想化、理論化的因素，對其過於激進、偏激的傾向也有所反省和批評。而南海先生的思想性格則更像中江兆民晚期思想，他代表了兆民思想中傳統的儒學成份和對現實困難讓步調合的特性。雖然在豪傑君身上主要反映兆民的論敵的觀點，但是其中多少也反映出了兆民的權謀策略的思想和富有民族進取精神的因素。筆者認為，在兆民虛擬的三個人物中間，都不同程度的代表和反映了兆民的真實思想和理論，其界線本身則是很難劃

清的，也是沒有必要劃清的。正因為如此，才恰當地反映出了兆民
本人的思想矛盾性質，也反映了日本當時政壇和思想界的矛盾狀況。
這裏面有理想與現實，目的與方法手段，理性與情感的種種矛盾，
這在前面背景中已經說過了。我們下面的任務是研究兆民通過三醉
人的對話，向大家論述了哪些他的基本理論觀點和實現這些理論的
方法手段，反映了當時哪些在日本的相互矛盾對立的思想觀點。

第二節　進化之理的哲學規定

　　兆民從政治制度的三種狀況出發，引出了進化之理的哲學規
定，並且把這種進化之理應用到政治制度方面，提出了政事進化之
理三階段的理論，構成了他社會歷史觀的主要內容。下面我們看一
看兆民是如何具體論述進化之理的。

一、社會進化之理不可違抗

　　兆民首先借民主政治家紳士君的話說：

> 嗚呼！民主制度呀，民主制度！君相專擅的制度是使人愚昧
> 而自己不知道自己過錯的制度；立憲制度雖然已經知道了自
> 己的過錯，但祇是改正了一半的制度；唯有民主制度才是光
> 明磊落胸中沒有半點灰塵和污垢的制度啊！ ❶

兆民在論述這三種制度時，把三者用最差的，中間等的和最好的三

---

　❶　《三醉人經綸問答》，中江兆民著，桑原武夫等校注，第121頁，岩波
　　　文庫本，1965。

個層次從理性概念上加以論述的。既然是從純理性推理的角度來論
述政治制度的,遇到了現實的具體問題時就顯露出其弱點和不足了。
這同盧梭在其著作中用的演繹推理方法完全一樣。紳士君接著說,
在西方各國,既然已經知道了自由、平等、友愛的三個真理,本應
遵守才對,可現實為什麼西方多數國家不遵守它,而極力違背道義
去發動戰爭,去侵略別的國家呢? 這從理義上是講不通的啊! 假如
我們做為遠東的一個弱小國家,真的同他們針鋒對壘時,那就祇能
是以卵擊石,自取滅亡了。在這種情況下我們如果祇是一味地堅守
自由民主等純政治理念也對國家無濟於事,最後祇能被別國侵占,
成了沒有自己祖國的萬國公民了。

　　所以從純粹自由民主的理念上講,一個弱小而落後的國家對於
西方列強而言,如果祇採取:

　　　　他們沒有禮我們有禮,他們不合於理義我們合於理義,他們
　　　　靠文明而是野蠻,而我們雖野蠻落後則是文明,他們用暴力
　　　　來對待我們,我們則用微笑而守於仁義,他們對我們也實在
　　　　沒有什麼辦法了 ❷

但是這樣一來,我們成了萬國的公民時,也就沒有什麼在現在的意
義上的國家和政治制度而言了。雖說這是有人類社會以來從沒見過
的情況,但它是合乎純粹的理義的事,為什麼我們這個小國不可以
開創此先例呢?

　　豪傑君聽了紳士君上述言論之後,忍不住的說,這簡直是不顧
事實的胡說八道。如果有這樣的事,那就等於說全國人民都發瘋了。

---

❷　同上書,第123頁。

而南海先生卻說：你等著讓紳士君把話說完。

於是，紳士君又說道：

> 大凡以政事家為己任的人，全都可稱為政事進化之神的崇奉
> 者，如果確實如此，那麼，他們就不會祇關注於眼前的現實，
> 而更要將注意力關注於未來。這是為什麼呢？那是因為進化
> 之神喜歡前進，不喜歡倒退。在她前進的時候，恰好遇到了
> 道路平坦筆直而沒有任何阻礙的情況時，那就再好也不過了。
> 如果有岩石凸立而阻擋她前進的車輪，有荊棘叢生而纏住了
> 她前進的腳步之時，那進化之神也不能有一絲一毫的沮喪，
> 相反這更加激勵了她不斷前進的決心，她將抬起腳來一跨，
> 不顧一切地踏越而過。這樣一來，就使那些頭腦頑固而不覺
> 醒的人們相互角鬥，破肝裂腦，血流街道，以至於演化出所
> 謂活生生的革命壯劇來，那進化之神，毫無畏懼地把這一切
> 看成理所當然的結局。她毫無膽怯的心理，所以，那以身事
> 奉此進化之神的政事家們，當務之急就是事先搬走擋路的岩
> 石，砍斷路上荊棘，決不可引起進化之神的憤怒，這乃是那
> 些信奉進化之神的人們的神聖職責，那岩石是什麼？是違反
> 平等之理的制度，那荊棘是什麼？是背棄自由之義的法律。❸

在這裏兆民形象地描繪出了進化之神。

接著紳士君，又比較了英國和法國大革命時，由於人們不理解
這進化之神，即歷史前進發展的不可阻擋的客觀規律的作用，而造
成的大悲劇和大災禍，進而對日本的天皇政府敲響了警鐘。在這裏

---

❸ 同上書，第124頁。

兆民是從正面和反面兩方面說明的，如果日本天皇政府識時務順應
進化之神的要求和人民大眾的要求進行自覺的改革，那可避免災禍
而到達自由民主的樂園。反之如果日本天皇政府不識時務，違背進
化之神的意願和日本民眾的意志則必將葬身於人民革命的烈火之
中，道理講得十分透徹、清楚。

兆民借紳士之口說：

> 英王查理一世和法王路易十八時，如果掌握國家大權的宰相
> 大臣們能預見未來歷史發展的潮流趨勢，事先為那進化之神
> 掃清道路，那英王就不會慘死。說到英國的事，由於沒有前
> 車之鑒，屬於首創，人們事前不覺醒，尚可原諒寬恕。但是
> 等到了法國，早在一個世紀以前，並且同英國祇有一水之隔，
> 對發生於英國的慘烈災禍早有所見所聞，但仍然麻木不仁，
> 毫不知省悟，以小小的偷生姑息之策玩忽歲月，甚至等災禍
> 的跡象早已暴露無遺之時，仍然諱病忌醫，不肯請名醫救藥
> 或猶豫不決，使民心猜疑，或肆意妄行而激起民憤，一直到
> 最後釀成了史無前例的奇災大禍，造成血流城鄉，使全國變
> 成一大屠殺場的惡果。這究竟是進化之神的罪過呢，還是進
> 化之神的信奉者的罪過呢？ ❹

由此可見，兆民是主張順應歷史潮流和歷史規律的，否則就會使人
民和君主都遭受災禍。

紳士君假設說：如果在國王路易十六在位初年，做宰相大臣的
能從長遠著想，同心協力逐步鏟除陳規陋習，實行換舊圖新之美，

---

❹　同上書，第124–125頁。

等到路易十六末年，那就祇差一步可前進到民主平等的制度。這時路易十六就可以悠然地光臨議院脫下王冠，摘下寶劍，向革命黨人作個揖，和顏悅色地說：「你們要好好幹呀！我也要做一個守法公民，來為國家出力。」 這不能為子孫後代留下一個急流勇退的美名嗎？但是法國的大臣宰相對於英國的經驗教訓一點也不省悟，成了妨礙進化之神前進的阻力，真正可謂是致國王路易於死地的罪人了。兆民借用紳士君之口說的這些用心良苦的話，不是非常明顯的在影射日本天皇政府嗎？同時也表明了兆民這樣一個明確的思想，即作為社會歷史規律象徵意義的進化之神、進化之理是不可抗拒的，順之者昌，逆之者亡，而這種社會歷史的規律是符合廣大民眾的心願的。

二、 對王公貴族血統論的批判

紳士君又說，那些整天在大街小巷，無所事事，花天酒地混歲月的人們就是號稱貴族的一種特別物體。在一個國家如果有成千上百戶這樣物體，縱使這個國家真的建立了立憲制度，千百萬人們即使真的獲得了自由權，但也缺少平等的道義，還算不上真正獲得了自由權。這是為什麼呢？因為我們人民從早到晚，辛苦勞動把所得到的錢財還要拿出一部份去交納租稅，這已經是不得已的事了，而且還要額外去養活那些受民之托去辦政務的官員，並且最後還要不得已去供給那些每天無所事事的物體去享受，這終究談不上是真正的自由啊！

王公貴族的腦髓容量確實比我們普通人的腦容量要大得許多嗎？或者說胃液分泌和血球發育的機能果真比我們發達嗎？如果把大人物的頭顱和我們普通人的相比較果真有什麼區別嗎？如有區別，那是對我們有利，還是對他們有利？我聽說人類的大腦發達，而動

物的小腦發達，如果是這樣的話，那也是造成人類比動物高貴的理由嗎？另外，王公貴族從誕生下來時候起，他們就是穿著錦緞衣服生下來的嗎？不像我們普通人是赤裸裸地降生到這個世界上。那他們死了，他們的骨頭和肉體能萬古不朽，或者還原再生嗎？總之如果在有一百萬人口的國家中，有了三個貴族，那麼九十九萬九千九百九十七個人就免不了要為了這三個貴族而把自己的獨立自尊損壞了幾分，這是再簡單不過的算術之理了。兆民這是借紳士君之口在諷刺和揭露日本的王公貴族。

所以說，我們的人民和貴族都是由若干元素所組成的同樣的肉塊。同樣做為肉塊，相互見面時，我這個肉塊就祇能垂手侍立，點頭哈腰站在一側，而他那個肉塊就可以趾高氣揚，傲慢無理……這不是非常荒唐可笑的事情嗎？

上述這些對王公貴族批評的話所引用的基本道理是用自然科學唯物論的觀點，來進一步深化了盧梭的天賦人權，人生而平等的民主思想。

接著洋學紳士又從歷史發展的事實上來批判君權神授、帝王尊貴，應是當然的專制統治者的封建專制的觀點。他說，在上古之時，幾千年，幾百年以前，或許在某一時刻，確實有過一些有才能有道德和見識的人們當上了王公貴族這樣的事，從此以後他們的子孫後代也都繼承了前輩的事業當上了王公貴族。但即使是按現代的遺傳進化之理，這種事也不是說就固成不變的呀！這就是說前輩的賢德才能並不一定就非傳到後輩人之中。或者說後輩王公貴族並不一定非比普通人更有賢德才能呀！所以不能據此說明他們一定比普通人尊貴，應居於普通人之上的理由。最後他指出：那些憑藉著祖上對朝廷有功勛就得到貴族頭銜和爵位名稱的人們，他終身享受俸祿和

很多金錢並且居於專制統治地位的制度實在是不合理的野蠻制度。

三、專擅制下的事物猶如槽底的沉渣

洋學紳士在談到當今的世界形勢時說：

> 察訪今歐洲諸國之形勢，英法德俄之四國最為強盛，文化技
> 藝精美，學術精微，農工商各業昌盛，商品財貨富裕，陸上
> 屯精兵幾千萬，海上列戰艦數千艘，形成了龍蟠虎躍之勢。
> 自古以來從未有達到像今天這樣的興隆昌盛。雖說形成這種
> 強盛之勢和醞釀產生這種富強事態的原因是多方面的。但是
> 其重要的原因在於各國都把自由的精神做為這種大廈的基
> 礎。❺

在英國雖說也繼承了祖先打下的富強基礎，但真正造成當今這種飛
躍發展的力量的，那還是在查理一世之時，爆發的民眾自由的風潮，
衝決了舊弊的堤防，以此為基礎，又爆發了著名的大憲章革命運動，
這才是達到今日強盛的真正原因。在法國雖然早在路易十四的時候
就已經開始發揚了軍威，在文化學術、科學技術等方面取得一些成
就。但這些祇不過是在專制制度下所散出的一點點自由民主思想的
小火花，而真正使法國很快強盛起來的，不能不說是由1789年的革
命偉業所帶來的巨大推動力量。又例如德國，在法國大革命的思想
還沒傳播到德國時，國家是四分五裂的。祇是等到拿破崙大元帥高
舉起革命的大旗，所向披靡之時，德國人才開始真正呼吸到了自由
的空氣，喝下了友愛的瓊汁，形勢為之一變，成了今天這樣的強國。

---

❺ 同上書，第130頁。

像俄國這樣的國家，領土廣大，軍隊眾多可稱世界第一，但是思想文化和政治制度遠遠落後於前三個國家，這不能不說是它實行的專制壓迫的政策所帶來的惡果。

由此可見，洋學紳士總結說：

> 人生各種事業就好比是美酒一樣，那自由則好比是酒中的酵母，那葡萄酒也好，啤酒也好，無論其原材料是如何良好，若是其中沒有酵母的作用的話，那材料全都要沉澱到槽底，不可能讓它沸騰而醞釀出酒精的香味來。而在專制國家中的百般事業全都是沒有酵母的酒，是沉澱在槽底的渣滓。❻

他又進一步舉例說明，讓我們來看看專制國家的文化和技藝吧！其中好像也有些可觀的好東西，但細心地考察一下時，就會發現它們是千年一個樣，萬品同一種，絲毫也沒有個性和變化的形態。凡是出現在創作者視聽範圍以內的現象，也全都不過是酒槽底下的沉渣。創作者又對這些沉澱照原樣去模仿製作，所以沒有個性和變化也就理所當然了。人心如死灰，事物如沉渣，是對封建專制制度下的事物的如實寫照。

也有人反駁說，西方國家的富強並不是由於他們實行了自由民主制度的原因，而是由於他們的科學技術知識發達而造成的，即由於學術的精巧而造成的。這是因為人們學習掌握了物理學、化學、動植物學等科技知識，把它們應用於工農業生產之中，又省工時，又減輕了人們的體力消耗，從而生產製造出數量多質量好的產品，大大地勝過了落後國家祇用手工操作而生產的產品，於是就導致了

---

❻　同上書，第131頁。

這些國家首先富裕強大起來了。國家富裕了就能有錢養精兵，製造軍艦輪船，察看好了時機而出征國外，開闢領土，擴大版圖，遠到亞洲、非洲去搶占地盤，建立殖民地，開拓市場，賤買貴賣，攫取暴利。隨著工業的發展，而貿易之路不斷擴大，海陸軍隊也隨之不斷強大起來了。總之這是自然而然的趨勢，並不是由於實行了自由民主的制度而造成的。這是當時福澤諭吉等人的觀點。

但是兆民借洋紳士之口反駁說：

> 嗚呼！這是祇知其一而還不知其二的緣故呀！大凡人間的事業都是相互牽聯，互為因果的。但祇要細心觀察之時，其中必定有一個真正根本的原因存在。國家的富強當然少不了學術的精巧，但學術的精巧也是源於國家的富強，不用說二者是互為因果的。然而最初一開始能夠造成學術精巧的，畢竟是由於有知識的人的智見能夠得到暢開做為其根本原因吧！然而智見能一下子得到暢開之時，每個人不僅祇是在學術上打開了眼界，而且也達到了在制度方面打開了人們的眼界，這是必然之理。因此自古以來，無論在哪個國家，凡學術不斷前進的時代，也必定是政治理論興旺發達的時代。所以說，學術和政治理論，不過是同一棵智見的樹幹所同時產生出來的枝葉和花果罷了。❼

那智見突然得到暢發，政論也就會立刻興盛起來，到這時自由的思想精神，也就馬上變成了人生各項事業的總目標。學者、科技人員、農民、手工業者、商人，凡從事一項事業的人們全都能自由

❼ 同上書，第131–132頁。

地伸展自己的思想，達到自己的目標，都不願受到拘束和阻擋，那意念一生，日夜往來於胸間，就再也沒有什麼力量可以把它鏟除了。到那時，在上的領導者也能全面地掌握事物發展的趨勢，洞察人情事理，擺脫了以往貪戀權勢的鄙念，站在民間大眾的前列，掃除舊日的弊端和陳腐的條條框框，讓自由的空氣通暢。這樣社會的各種機構也就能發揮出正常運轉的功能，那些老廢殘渣將自然被排泄出去，而新鮮血液也將自然地被吸收進來。學者們越來越精心去研究自己的理論，科技人士則越發動腦搞好發明創造，農工商各行各業的人士也都越發努力地做好自己的本職工作，統治者和被統治者上下齊心都能得到共同的利益，所謂國富民強，文明昌盛的局面也就形成了。這才是自然發展的趨勢。所以說那種持不同觀點的人，才是祇知其一而不知其二。

兆民通過對專擅制度下的事物和民主制度下的事物的兩種不同狀態的分析比較中得出，祇有在能使民眾發揮出自由創造精神，毫不受壓迫束縛的情況下，社會百般事業才能發展，才能達到國富民強的根本，這是完全符合客觀事物發展規律的自然大趨勢。專擅制度的根本問題在於違背於這個大趨勢。因此我們必須要認清這種大趨勢，從哲學上對這種大趨勢給出規定。

四、進化之理的哲學規定

紳士君從對國際政治鬥爭形勢，世界歷史和日本的社會發展等多方面進行分析論述的基礎上，在這裏提出了他的「進化之理」的社會歷史觀。他認為整個人類社會歷史是一個發展進化，無限前進和進步的過程，並且其中有一個客觀規律可循。社會歷史發展，是客觀的自然界發展的一部份，它也是由自然界發展的趨勢所決定的。

他稱之為「自然之勢」。 這個客觀規律表現在社會歷史當中就稱為「社會進化之理」， 當然也是由自然宇宙發展進化， 即自然之勢所決定的。而這個自然之勢又是由「進化之理」這種最根本性的客觀規律所決定的。

那麼究竟什麼是「進化之理」， 對它的一般規定， 或者說從哲學的意義應當如何來概括和把握呢？ 這是本書所論述的核心問題。兆民借用紳士君的話說：

> 且夫， 所謂進化之理， 就是說（具體的事物）都是從不確定的形態， 發展進化到完全確定的形態， 從不純粹的狀態， 進化到純粹的狀態， 如果泛泛地說它， 那就是說從最初醜的東西， 到最後變為美的東西， 從過去惡的東西， 到後來變成善和正義的東西。 ❽

他基本意思是講，整個世界上的萬事萬物都相互聯繫和運動發展的。在其發展過程中總是有一種不可遏止， 不可阻擋， 無限前進的衝動力和總趨勢。這種總趨勢是客觀的， 不可逆轉的， 人的思想或行動祇能適應它， 順從它， 而決不能同它相違抗。它總是要由不完美到完美， 不純粹到純粹， 最後注定要進入某種高一級的階段。這就是他講的進化之理的基本涵意， 或者說是哲學意義。

那他是根據什麼提出這種進化之理的思想呢？他明確地指出：

> 且夫， 世界的大勢有前進而沒有後退， 此乃事物之常理。這個道理早在古代希臘學者之中就有人窺測， 即赫拉克利特 ❾

---

❽　同上書，第134頁。

在涉水過河時，先把一隻腳放進河水中，據此而發感嘆說，我再踏入另一隻腳所觸到的河水已經不再是原來的河水了（因為原來的河水已經流走了），這時他就發現了這個道理。但是由於當時尚不具備完善的實驗檢驗方法，學術也還處於幼稚的階段，因此他的說法不免有些浮誇之態。此後直到十八世紀法國的狄德羅❿、孔德等人也發現了這種進化之理不間斷地、經常地運行於人類社會之中。等到法國人拉馬克⓫出現，他從研究動植物入手，發現提出了各種物種全都是逐世代而發展進化的，決不是永遠停留在一個物種之中而不發生進化的。以後日耳曼的歌德⓬、法國的喬拂羅⓭擴展了拉馬克的學說，並使它逐步地趨向於精確，以此來探求生物物種遺傳變異的道理。最後直到英國人達爾文⓮憑著他淵博的知識和深刻的見識，運用了科學的實驗方法加以檢驗，使它更加精確，來探求生物物種遺傳變異的學說，還深入地探索並發現了我們人類始祖起源的奧秘，在拉馬克以後的學者們就似乎被發現的進化之理，由於他的發現才公開大白於全世界。因此，凡是世界上的各種各樣的事物，像日月星辰，河海山川，動物植物，乃至人類社會的各種制度、文化、科技、藝術等全都受這個進化之理的支配，而逐漸緩慢地前進並且

---

❾　赫拉克利特，Heraclitus，前535─前495。

❿　狄德羅，Denis Diderot，1713–1784。

⓫　拉馬克，Jean Baptiste Lamack，1744–1829。

⓬　歌德，Johann Wolfgang von Goethe，1749–1832。

⓭　喬拂羅，Jouffroy，1772–1844。

⓮　達爾文，Charles Darwin，1809–1882。

沒有盡頭，這個道理就不容再加以懷疑了。**⑮**

從上述的論述中，我們可以看出兆民是以自然科學的進化論中的唯物主義哲學為基礎，以古希臘的自發辯證法，狄德羅帶有辯證法因素的唯物論為哲學根據，建立起來的唯物主義的哲學進化之理的理論。從總體上看，他的這種進化之理有其積極和進步的合理性，不論從其理論本身，還是從它起的社會作用上看，都是同當時在西方和日本出現的，主張弱肉強食的反動的社會達爾文主義完全不同的東西，不可以相互混淆。但是這種進化之理的學說也有其明顯的缺點。第一，他還沒有能完全從理論上把實證主義同唯物主義區分開來，受實證主義一些影響。也沒有能把自然科學意義上的生物進化論，同哲學意義上的承認一切事物都是運動發展、前進進化的，發展進化是絕對的、客觀的，這些觀點從理論上區分開來，甚至似乎還帶有一些目的論的傾向。第二，他對進化之理的理論論述還顯得有些抽象和曖昧，情感色彩較重，而嚴密性、科學性又顯得不足。第三，雖然這種進化之理的學說屬於唯物主義的，但是把這種進化之理推廣應用到人類社會歷史領域和政治理論領域建立起來的社會進化之理和政事進化之理，當然仍屬歷史唯心主義的範疇。因為它是把抽象的天賦人權和普遍的人性做為社會歷史發展的動力，而不是把社會的物質生產，生產力同生產關係的矛盾做為社會歷史發展的動力，因此也就不可避免的帶有歷史局限性。他還是把每個人心中的心神自由看成是社會歷史發展的根本動力，仍屬歷史唯心主義的範疇。但是在當時的日本，這種社會歷史觀是同所謂的社會達爾文主義的社會歷史觀，同所謂的天皇萬世一系，皇國歷史觀是針鋒

---

⑮ 同上書，第133頁。

相對的，具有歷史進步意義的，代表日本廣大民眾利益和要求的社會歷史觀。是日本明治時期最革命的最激進的社會歷史理論。

第三節　三階段的政事進化之理

洋紳士在論述完了進化之理的哲學規定之後，開始把它應用於社會歷史領域，提出了社會發展進化要經過專擅、立憲和民主三階段的理論。

一、專擅制度的合理性和缺陷

洋紳士首先對動物的進化之理做了簡要的說明。他說，最原始的動物是由若干種元素相互混合融合而生成的粘滑的一塊有機體，連消化和呼吸器官的構造都沒有分化出來。祇能靠張縮蠕動來從全身外表去吸取食物，再從體內來排泄殘渣，以保持其生存。然後由於外部環境的刺激和自己內部細胞組織的活動，互相接觸，交換物質，逐步的形成了肺和胃等器官。等到後來進一步進化發展，出現了腦髓神經器官，新物種就更加靈敏和適應環境了。這就是動物進化的簡要情況。

人類社會也是如此。最初原始的人類群居生活在大自然之中，靠採集天然食物來生活，用手掬水而飲，有男女交媾，而沒有夫妻的契約。後來又有在樹上搭巢，在山洞居住，用石頭造房子居住的。或狩獵，或農耕，男的在外面勞動，婦女在家裏經營，生兒育女，一直發展到今天的家庭和社會。這是人類社會進化之理的簡要說明。

如果談到政治制度的進化變遷也是經過了若干的階段。人類社會剛開始之時，出現了強者欺侮弱者，智者欺騙愚者，一部份人用

強迫壓服的手段和方法迫使另一部份人屈從於自己，這樣就出現了
奴隸和主人。但是社會建立的原則是依靠自然性質的暴力，就經常
會出現甲倒了乙起來，乙倒了甲起來，這樣一種不穩定和混亂的局
面，沒有一個正常合法的統治制度，所以這種處於原始野蠻狀態的
社會可以稱為無制度的社會，是指人類的史前狀態。到後來，人們
逐漸感到互相爭鬥對誰都沒有好處，想要求得一個安定和平的生活
環境。於是在這時，就注定會出現一個強有力的人物，收攏眾人之
心，自立為君主，建立起國家制度，從而使眾人獲得了暫時的和平
和安寧。就這樣開始產生了歷史上最早的專擅制度。這可以說是政
事進化之理第一步。兆民認為上述思想來源於盧梭和中國的柳宗元。

在這種君主專擅的制度下，君主和臣民，官吏和百姓之間截然
被分割成兩個部份，但雙方又不能相互脫離。能形成這種格局不是
僅靠有形的暴力工具，而且要依靠一種無形的工具，那就是暫時被
設定的主人和奴隸的主僕關係。這同從前那種無制度之下的情況而
言，不能不說是一種歷史性的進步。因為這種暫時被設定的主僕關
係並非都是不合理的，其中包含著主子對僕人的慈愛之心和僕人對
主子的感恩之心，二者的結合構成了君臣之義的實際內容。這樣看
來，君主對臣民施以慈愛之心，則臣民對君主應報以感恩之心。如
果二者份量都越來越大，則君臣的關係也越來越鞏固發展。這在中
國的夏商周初中期以及漢唐的初期看得很明顯。

但是這種制度也有一個重大的缺陷，因為在下的臣民輸給在上
的君主的感恩之心，歸根結底祇不過是君主施給在下的慈愛之心的
一種反射。所以前者減少一分時，後者則相應地會馬上減少一分，
其迅速程度，就如同擊物應聲一樣快。然而君主的慈愛之心是從前
已故的老君主所具有的資質。如果不幸的是後來繼位的新君主天資

庸劣，儘管群臣千方百計的啟發、幫助和輔導他，也絲毫收不到一點成效，這時君臣之義就要斷絕了，勢必就造成全國的混亂或亡國之禍來。在中國夏商周三代和漢唐的末期就是如此。即使我們假定靠上蒼的恩寵，歷代的君主世世代代都擁有至善至美的品格和資質，並且施以在下臣民們的慈愛之心也越來越多，因此做為對它的回報，臣民們也世世代代對在上的君主輸以越來越多的感恩之心。難道這樣就可以絕對保證讓這種專擅的國家制度千年萬載總是轟轟烈烈過著太平盛世嗎？下面我們可以看出在社會進一步的發展進化之中，專擅的國家將會遇到什麼樣的最可怕的病根？

這是因為，全國的民眾以勞動來謀生時，需要把他們所得的一部份拿出來交給官府，所以凡國家的一切公共事務全都從他們身上卸下去了。這樣他們也就再不會對國家大事有所用心了。例如學者祇想如何來把他的文章寫得更華美漂亮，科技人員祇想如何發明創造出新的精巧產品，農工商各行各業的人士們也祇是在想如何賺錢謀利等自己的事業，對其他的事務也都一概不去關心了，因此，他們的腦髓作用也都會逐漸地枯萎退化了，最終造成了一個五尺之身的人祇不過成了頭腦呆滯、祇會吃飯的飯口袋那樣的可悲的境地了。也就是說，全國的臣民們最後將如前所述，都成了酒槽底下的沉澱物了，成了毫無生氣，毫無變化的形態。舉國上下，都祇能成為一塊蠢蠢蠕動著的粘滑肉塊一樣的東西了，因此說專擅制度使人愚蠢。

況且，我們的遠祖，帶領我們這些後代是自願歸於君主官府的統治之下的，把處理各種事物的全部權利托付給君主官府，而按著他們的指令行事的。這不是因為有別的什麼原因，而是因為他們的智能不夠，還不能做自身的主人來計謀生活，他們是暫時地放棄了他們自己本來就擁有的權利，而希望以此來換取到自己一個暫時安

定和平的生活環境。他們想要等到將來有一天，其後代子孫的智能不斷增長起來的時候，由他們再來恢復從前自己暫時放棄了的權利。雖然，當時的君主和臣民之間並不一定有像前邊所說的那樣明確具體的契約，但是，如果我們追求歷史深層的本質意義之時，歷史規律也就必然不能不是如此的。然而由於時代的久遠，君主們所因襲的這種權利實在是太久遠了，所以他們把從我們遠祖暫時賦予給他的權利，認為是他們天生本來就應當獨占的權利，始終不肯把它歸還給我們臣民。因此我們才說，君相專擅的制度是自己不自覺的愚蒙而又野蠻的制度。

現在我們試翻閱一下世界各國的歷史來察看一下，從混亂而沒有國家制度的時代出發，已經發展進化到社會進化之理第一階段的國家，除了非洲的野蠻人以外，其他各國也就都進化到這一階段了，亞洲各國進入到這一階段以後，大都停滯在這一階段而沒能繼續前進。至於歐洲各國早在十七世紀開始，晚的也從十八世紀開始都離開了第一階段，而發展到第二、第三階段了。這就造成了東西方文明的等級程度相差巨大的根源。

在這裏兆民是把社會進化論同天賦人權和社會契約論結合起來論述專制制度產生的必然性和歷史合理性，並且在此基礎上來揭露、批判專制制度的根本缺陷。他指出專制制度，不僅是違背天賦人權，違背社會契約的根本規定，而且是違背社會歷史進化的客觀規律的。儘管它現在表面看起來似乎有理，似乎強大，按理性和規律它必將滅亡。這種分析是具有深刻的歷史超前性，在理論深度上要超過盧梭的理論。這種對封建專制制度的批判，在明治進步思想家中可以說是獨一無二的，即使是福澤諭吉也不能與之相比，是最激進的民主主義理論。

二、對立憲制度的分析與論述

兆民借用紳士的話說：進化之理的本性就是勇往直前而毫不疲倦，她驅使著自己的子孫們離開了混亂紛擾的毫無制度的野蠻曠野，進入狹隘險峻的專擅制度的溪峪，讓他們暫時休息停歇一下，等到他們身體強壯，精力恢復之時又驅使他們登上了新的征程了。進化之理的本性是溫和仁慈的，並不嗜好殺人，但是當人們情感激發而惹怒她時，那也就不怪她不客氣了。特別是當遇到了人的情感拘守舊事物而懼怕新事物，頑固地阻塞她的前進道路之時，那她也就祇能踢倒那阻擋其前進的舊事物，而跨步奔向新途，我們當然也就不能怪罪於她了。

那麼所謂社會進化之理的第二步是什麼呢？兆民說，這就是立憲之制。也就是他在早期所講的君民共治，在這裏又有新的深入發展。兆民說：在立憲制度下和君相專擅制度下相同的是，有君主，或稱帝，或稱王，世代相傳，嚴臨於萬民之上。另外還有王公貴族，或稱公、侯、伯、子、男也是世代相傳，他們的房屋財產得到官府的特別保護，這些都同專擅制度下沒有多大區別。但是在立憲制國家中，設立五等爵位，大多祇不過是他們身份和家世的一種榮譽的象徵。實際上的用處祇有一條，憑此可獲得進入上議院擔任議員的資格。在其他方面則要完全靠自己的本領如何而定了，就是說同其他的人士比也並沒有什麼特權，這就是立憲國比專擅國所優越的地方。

另外，從專擅國出來進化發展到立憲制以後，每個人才開始擁有自己真正獨立的人身權利，例如做為一個真正獨立的人所應當擁有的參政權、財產私有權、選擇職業工作的權利、人身自由權、出

版權、結社權等這些自由平等的權利也會都具有了。祇有擁有了這些權利，才有了做為一個人的真正價值，如果不具有這些權利，或者不完全具有這些權利，那就像肢體殘缺或者精神不健全的殘疾人一樣。因此在立憲制度下，民眾都可以通過參加選舉，推選出有威信有聲望的人物來當代議員的方法，把立法的大權委託給他們，這就產生了所謂的議院，可以說議院是集中全國人民思想意志的場所。宰相大臣、文武百官都要隸屬於議院，他們祇不過是分管各種具體事務的部門的工作人員而已。所以擁有立法權的議院承擔了人民所委託他的事務。人民是國家的主人，而擁有行政權的宰相大臣、文武百官祇不過是接受這種委託，而去處理具體事務的人民的僕役罷了。人民既然擁有了選出自己的代議員來參與政務的權利，當然也就擁有了其他各種天賦的人權了。如果情況果真是如此的話，那麼做為進化之理的第一階段的君相專擅的政治制度，同做為進化之理的第二階段的立憲制度相比較，那不就相差天地之別了嗎？立憲制實質上也是一種民主制。

請看！在君相專擅的制度之下能夠真正稱得上是人的人，那就祇有少數的王公貴族，其他千百萬的生命全都不過是精神不健全的飯口袋。我們民眾辛辛苦苦的勞動所積累起來的錢財，如果官府的錢庫缺錢時，或者開支過大，那官府就可以擅自下令徵收租稅，根本不管對民眾是否有益或有利。在徵收這些錢物之前也從來不向我們講清其用途，這究竟同強盜直接搶劫我們的財物有什麼不同！難道我們還有什麼真正的私有權嗎？另外，我們民眾想要按著自己的意願去從事某項事業之時，官府又規定了各種煩瑣苛刻的法令條例，使我們根本不能自由行動，這同用繩子把我們捆綁起來究竟有什麼區別，難道這時我們還有選擇職業的權利嗎？官府還用各種教規戒

條來壓迫我們，束縛我們的頭腦中的思想，用文字獄來封住我們的口舌，至於言論、出版、集會、結社的自由那就更談不上了。在這樣的一個國家中，當官的是非常尊貴的，而做民眾百姓的人則非常卑賤。做為一名最普通的老百姓想要從事一項自己樂意的事業，擴大自己經營的規模，做出顯著的成就來，就必須首先要得到官府的庇護才行。即使那些清高的有知識、有才華、有一技之長的人們表面上看來似乎同有權勢的官僚沒有什麼直接的交往關係，但是祇要你認真的細心觀察一下，就會看出決非如此。他們或者現在就身列仕籍，同官僚有著密切關係，或者暗中登門拜訪，謁見溝通，阿諛奉承。假如他們不去獻媚巴結，阿諛奉承，那他們的文章作品就不可能列為精美傳世佳作，這已經是公開的秘密。

　　那做為有才華、有知識的清高的人士尚且如此，至於那些身為文武百官，或者想要成為官吏的人們就更不用說了。古人早就說過：「授官於公朝，拜恩於私門」，「白天趾高氣揚，夜裏搖尾乞憐」，不正是這些人士的真實寫照嗎？請看看這些官吏的醜惡嘴臉吧！他們果真有自尊的氣概，自重的態度，高尚的操守嗎？非也！如果他果真有自尊，自重和高尚的操守，那他連一天的官也當不成。因為他早晨發表了義正嚴辭的言論，不等到晚上就會遭到被罷免的惡運。如果他們不能得到官府的俸祿，不用說一家老小不能繼續生活下去，就是他自己也難免要因挨餓而死。因此，與其被罷官，被餓死，其不如苟且偷生，低下頭來不吱聲，以換取家人的團聚和安定富裕的好生活，難道這不是最簡單而又最為實際的道理嗎？由此可見，在專擅制度之下生存的人們就是這樣可憐，可悲又可笑，然而這也是千真萬確的事實。如果從心理學的角度來考察一下的話，這也是最合乎情理的，是不得不如此的必然之理。這些官吏在遇到同級或不

太熟悉的其他官員時，經常表現出虛情假意，皮笑肉不笑的樣子，呈現出獻媚狡詐的態度，不以違心地屈從他人為可恥。但等到遇見在自己地位之下的人的時候，馬上態度為之一變，擺出趾高氣揚，傲慢十足盛氣凌人的架子，不用正眼，用斜眼去瞟著別人。別人說十句話，他祇漫不經心地答一句話。別人張口大笑，他反不以為然撇嘴一笑，一點也沒有襟懷坦蕩、磊落大方的風度。他們雖然自己心裏也想要裝出一副莊重威嚴的樣子以自喜，但實際上不自覺地流露出一種趾高氣揚的傲慢態度。同方才對待上級那種卑躬屈膝的態度完全判若兩人。為什麼官員都變成這個樣子呢？這是因為，想說自己要說的話，想做自己要做的事，能自由自在地舒暢地生活，這本是每個正常人的天性。然而生在專擅的制度下，他們從一開始生下來起，就必須要控制自己的本性和情感，必須進行自我克制，不敢輕易說話，不敢貿然行動。久而久之，以至於達到毫不加思索地、自然機械地去對別人獻媚奉承，表現出虛偽狡詐的樣子來。天然的本性本來是不可能最終被磨滅的，所以一旦碰到了可以舒發一下，而又沒有什麼災難性後果的時候，一發泄反而變成了一種驕橫傲慢之態。這不是別的，它僅僅是自己平時卑躬屈膝心態的一種合理的補償和反射，這是心理的自然之勢。所以西方學者說過：「自由之國的人士溫文爾雅而又大膽無畏；專制之國的人士是驕橫傲慢而又卑躬屈膝。」這大概不會錯吧！

由此可見，自由的制度不僅有益於人民的生存，使經營的各項事業得到不斷的發展，而且也能使人們的思想精神變得更加高尚，這也是不假吧？嗚呼！如果我拋棄了它，那我還將追求什麼呢？

按政事進化之理推論而言，雖然有了自由權，還稱不上是盡善盡美的制度，所以還必須更進一步要得到平等的大義才行。那是為

什麼呢？因為，如果每個人都具有了各種不可缺少的權利，但是在權利多少的份量和程度上尚存著差別的話，那麼權利多的人則自由的份量也多。反之，則自由的份量也少，這就成了不可避免的趨勢，這樣就同自由平等的本意不符合。所以說祇有自由且平等的制度才是最為理想的制度。所以，在立憲制國家中，由於還設有君主和五等的爵位，在國中的人們之中，就似乎還有某種特殊尊貴的物體，同其他的物體相區別一樣，這樣在平等方面不免仍然有些欠缺，這也是有損於自由平等的大義，那政事進化之理怎麼能停留在這個階段而不前進呢？所以我說，立憲制是知道了自己的過錯，而僅僅改正了一半的制度。

對於立憲制，兆民是這樣評價的：立憲制雖然說也算是合理和有現實意義，但仍然給人一種隱隱約約地頭痛的感覺。它好像在炎熱的夏天，一個人身上穿著一身輕涼的薄紗衣服，而頭上又戴著一頂又厚又重的大棉帽子一樣令人感到不舒服、不協調一樣。總是一種初級的民主制，一種中間的過渡性的社會歷史階段。

對於立憲制和民主制的區別與聯繫。兆民有這樣一段很有名的論述：

> 立憲制不惡，民主制善。立憲制是春天，多少還有些霜雪的氣息，民主制是夏天，再也沒有一絲一毫的霜雪氣息。如用中國人的話說，立憲制是賢者，民主制是聖人。用印度佛學的話說，立憲制是菩薩，民主制則是如來。立憲制可貴，民主制可愛，立憲制是旅社，早晚一定要離去，之所以不能離去，是因為那旅行者是弱行的跛人。民主制是自家的宅院。嗚呼！哪有長久在外旅行而不歸家的旅行者。如果不回到自

己的家園，又怎麼能得到長久的安寧呢？ ⑯

　　從這些論述中，我們可以看出，兆民認為立憲制度做為一種初級的民主制度，在本質上同民主制度並沒有什麼區別，所區別的僅僅是自由平等發揮的程度不同。即做為行為自由的基本內容每個人也都具有了，但是還不完全，還有許多不平等。做為第一種自由心神的自由，內在的自由尚沒有充份發揮出來，因此也不是完美完善的制度，是過渡性質的制度。但是，對於當時一個長期在封建專制制度下的弱小落後的國家來說，它是一個軟弱的跛人，要想進入到民主制度，是不可能一步跨入的，必須一步一步的分階段來前進，必須經過君民共治或立憲制這個中間環節，才能進入到民主制度，這是進化之理本身所要求的，也是符合歷史大趨勢的事情。但是兆民這裏強調的是，立憲制和君民共治之制絕不是改良、讓步，也不是在帝王專制下的新政，而是民主革命的一個重要內容。因此，兆民指出日本實施的所謂假立憲制實際仍是不自由、不平等的專擅制，同他主張的立憲制有天地之別，並且對日本當時的和歷史上的專擅制，從理論和實際兩方面進行了無情的揭露和辛辣的諷刺，即使在百年之後的今天，也值得我們進一步深入的思考，具有反封建專制的現實和理論意義，可以說是回味無窮的。

三、對民主制度的頌揚和論述

　　兆民借用洋學紳士的話為我們描繪了他無比嚮往的民主制度。他說：進化之神驅使著人們衝破重重阻力，跨越層層障礙之後，就登上了那寬廣美麗的山巒，在那裏，人們的眼界越來越開闊，心胸

⑯　同上書，第146頁。

感到無比激動。放眼看去，那裏是綠樹參天，彩雲飛舞，鳥獸和鳴，歡歌笑語，真是無比美妙的人間天堂，這就是民主制度的盛況啊！**❼**
他又說：

> 民主制度啊，民主制度！它使人們感到頭上祇有藍天，腳下
> 祇有大地，心胸寬廣，意氣盎然，自由自在，長流不息，不
> 知瞻前顧後有幾千億年，無始無終，唯有太虛。不知上下左
> 右有幾萬億里，無內無外。凡有精神和身體的人們，不論你
> 是歐洲人還是亞洲人，有此自由平等權利沒有區別。為什麼
> 非要區分英法德俄，或印度人，或中國人呢？可是現在我們
> 說英德俄時，還祇是在說他們國王所在的地點，可是等到將
> 來我們自己成為國家的主人時，國家的名稱祇不過是指地球
> 上的某一部份……到那時沒有國界和行政區界，所以也就不
> 能再產生相互為敵的仇恨了。因為把地球分割為各個部份，
> 使各地居民之間產生仇恨和互相隔離的事情，那正是王國制
> 留下的遺禍啊！民主制度啊，民主制度！……它將把全世界
> 人類的智慧和友愛之情結合起來，形成一個像大氣層那樣的
> 混圓的球體，這就是民主制度。**❽**

他又說，民主制不僅是一種無比美好的制度，而且是一種理想，一種目標，一種能激發起人民鬥志的精神支柱。他舉例說，法國人真了不起啊！雖然比英國人稍晚，但是他們一舉跨入了民主制度的大門。在法國大革命時期法國人民能眾志成城，克服千難萬險，取

---

❼　同上書，第137頁。

❽　同上書，第145頁–146頁。

得驚天地，泣鬼神的偉大勝利，使普奧俄英的軍隊不可阻擋，這固然同拿破崙的個人的大智大勇分不開，但是也同當時整個法國人民全都被自由平等的思想精神所激發，所鼓舞，使他們的精神和體力得到超過常人的發揮有更大的關係。

洋學紳士又接著說道，既然西方列強可以憑著自由民主的精神和理論達到富國強兵、稱雄於世界的目的，那麼做為東方的弱小而落後的國家怎樣才能達到富國強兵的目的呢？他設想了幾條路：第一，靠擴充軍備侵略別的國家來達到富國強兵的目的，這種方法對內對外都行不通。對內這要加重人民的經濟負擔，招來人民的怨恨；對外要招來被侵略國家的反抗和列強的干涉，軍事實力相差太大，總要失敗。第二，靠農業和土地出產物，這是有限度的，不可能突然增長的很快。第三，靠辦工業，用機器代替手工業生產，擴大商品經濟，這又同外貿相聯繫。對於一個小國同樣也沒有什麼效果。那到底要靠什麼呢？兆民說：祇有靠民主改革這一條。兆民通過洋紳士的話說：

> 建立民主平等的制度，還給人民以他們應有的一切人身權利。鏟平堡壘城牆，消毀軍備武器。向世界宣布放棄侵略殺人的意圖，而別國也不能對我國表示這種侵略意圖來相信我國。於是把整個國家變成道德的花園，學術的苗圃。祇設立一個議院，不讓國家的權力中樞分裂。凡達到成人年齡的，除精神障礙者和有其他壞品行的極少數人之外，不論貧富，不分男女全部都有選舉權和被選舉權，全都使之成為合法公民。上至地方長官、縣令，下到村長、戶長，全部都由公開推選而任，無需對上級長官獻媚。並且公開選舉產生各級法官，

也無需對各級法官獻媚。大力興辦學校，對全國人民實行免費教育，做為使他們都能得到成為有知識和道德教養的新人的手段。廢除死刑和各種殘酷的法律刑具。廢除所謂保護關稅等妨礙經濟發展的制度法規。祇要不達到傷風敗俗和煽動民眾造反，做出有害於國體的事情為界線，廢除一切關於限制和妨礙言論、出版、結社自由的舊條例法規。要做到，想說的人能自由地論說，想聽的人能自由地去聽講，作家能自由地去寫，讀者能自由地去讀，想參加集會的人都能自由地去參加。以上這些就是綱要，至於細節那祇有另加審議了。❶⑨

以上的內容，實際上就是兆民對日本進行民主主義政治改革所設計的方案，也是他對自由民主平等精神的真實具體的理解。這個政治改革方案，同二次大戰後，由美國人幫助制定的現行日本國憲法的基本精神是完全一致的。兆民方案中的具體內容和要求，就是在今天的日本無論從法律、憲法條文上，還是實際執行上看，還有許多尚沒能完全實現。如果按兆民在這裏的觀點，現在的日本祇相當於兆民理論的第二階段的末期而已。這也證明了兆民做為一個政治思想理論家思想的深刻性、超前性和預見性。筆者認為，這在日本近代思想家中也可以說是獨一無二的吧！

　　民主制是一種理想的政治制度，但在具體實行中將會遇到哪些問題，對此也許有人會說，民主制確實是合理的，但實行起來則非常困難。如果人們的文化知識達不到一定水平，社會道德風尚還沒有達到很完善，馬上就實行民主制度，則祇能引起動亂，把原有的正常的社會秩序都破壞了。另外，民主制雖然有大總統做為首席行

---

⑲　同上書，第149頁。

政長官，但由於他是靠民選產生的，所以其威望和尊嚴要比帝王相差許多。一旦有一天被懷有野心的奸雄之人所篡位，正常的上下級關係立刻要解體，不免使全國上下都陷入到混亂之中。況且希望獲得尊貴的高位是人之常情……因此，在民主國中凡有理想志向的人們都希望靠自己的奮鬥而登上大總統的寶座，竭盡一切手段，甚至可能做出沽名釣譽的事情，造成焦躁浮誇的風氣，這是始終防不勝防的。這些都是民主國的通病，因此有人主張用立憲制來補充和糾正上述民主國的通病。因為帝王的位置總是固定不變的，所以可以用他來防止和鎮壓住野心家來篡權，同時立憲制國家又有憲法和議會，又可以保證民眾的民主權利，它是位於專擅制和民主制之間的制度，兼有二者的優越性，而又除去了二者的弊病。對此孟德斯鳩也說過：不論採取哪種制度，都必須要使那種制度同民眾的文化習俗發展的水平和程度相適應。其意思也是在暫時不能實行民主制的時候，先實行立憲制也不失為一種權宜之計。

　　但是兆民借用紳士君的話，馬上對上述改良主義的自由民權論進行了反駁。他說，這些話，可以說都是一些老生常談了，是有礙於世界進步發展的大趨勢的話，乍看好像挺實際，而其實完全是錯誤的觀點。讓我們來看看那些實行了民主制的國家的實情吧！美國、法國和瑞士他們國家的民眾全都是君子？他們那裏的民俗風尚全都那麼純潔高尚嗎？沒有一點缺陷嗎？完全不是。那些國家每逢碰上大總統改選時，國家就陷入動亂和混亂嗎？也經常遇到懷有奸雄的野心家去篡奪大權嗎？完全沒有。這說明他們的所謂擔心是完全沒有必要的藉口。讓我們再看一下立憲國同民主國的區別。如果說做為立憲國的民眾祇因為有了尊貴的君主才能保證他們的安寧，那麼這種安寧也並不是靠自己的自由權而得到的，而是靠君主得到的。

啊！君主是人，我也是人，同是做為人類的一員，不能靠自己的權利而為生，而祇能靠別人的保護與施捨而為生，這難道不是非常可悲可恥的嗎？所以上述觀點也是站不住腳的。

　　民主制的理論貫徹到極限時，必然會導致主張萬國和平友好論。洋學紳士對此說道：民主制度主張銷毀武器，促進各國和平友好，讓地球上的一切國家友好相處，像一個大家庭一樣。但是當時贊同這種學說的人很少，認為這是不能實行的空談。德國的大哲學家康德主張這種觀點，並寫了《萬國和平論》的一本書，在書中論證了停止戰爭，促進各國和平友好的必要性。其中說道：讓我們首先退一步來說，假如世界上每個人的內心中都有不可排除喜爭好鬥、樂於取勝的習性和情感，那麼和平安定的局面在世界上最後也就不可能實現了。但是，凡崇尚理義的人們都在尋求一條通往世界和平的理想道路，這是因為人類都有一種責任心，一種道德良心，所以世界和平還是有希望的。要實行它，首先就應從停止使用武器開始。但是它遭到許多人的不滿與反對。

　　現在我們細心考查一下，凡古今各國之間爆發戰爭的原因有多種，但都可歸結為一點，那就是由於帝王將相頭腦中都存在著喜好功名和逞其武威的念頭。所以如果全世界不實行民主制，則爆發戰爭的事情始終是不可避免的。因為，在敵強我弱不得已沒有辦法去打贏時，才暫時講和締結和平盟約，以此爭得喘息的時間，一旦等到自己國家強大起來以後，雖然同對方有一千張各種和平友好條約也視同廢紙一樣，隨時可以破壞它而再去進行戰爭。因此，近代有些哲學家把所謂國際公法同其他各種國內法律加以區別，不把它列入法律而列入道德範疇是有道理的。因為凡是可以稱之為法律的東西，都一定要有與之相適應配合的專設的執法官員和機構來執行它，

如果有人膽敢以身試法，則必定要受到法律的懲罰。如果做不到這一條，畢竟不能算是真正意義上的法律。例如道德，人們是否履行它，那祇是個人內心情感上的事情，並不一定強迫你必須去執行它。世界上的國與國之間的公法也正是這種東西，它既沒有負責執行它的法院機關，也沒有人負責對破壞了它而應加以懲罰的專設官吏，因此從嚴格意義上說，國際公法不能稱作法律。因此康德說，想要使各國都停止戰爭，爭取世界和平，各國就必須都實行民主制度不可。因為實行了民主以後，人民成了國家主人，凡戰爭所帶來的一切災禍都要由人民自己來承擔，這對參加戰爭的各國人民祇有害處而沒有一點好處的事情，也就逐漸地會平息了。相反在君主專制下的情況就不一樣了。因為帝王是一國的主宰者，而不是國中的一個平等成員。所以他對揮霍其臣民的財富，灑下其臣民的鮮血，這些對帝王有好處而對人民是災難的事情從來是絲毫不惜和絲毫不在乎的。因為即使是在兩軍相交，炮火連天，人民肝腦塗地，血沃原野之時，他們的王公貴族們，或在苑園中遊獵，或在宮庭裏飲宴，與平時絲毫也沒有什麼兩樣。況且，他們在開始宣戰的時候，往往要用各種堂皇正義的名義作為開戰的藉口。但其實，戰爭祇不過是帝王們拿老百姓的生命和財產來打賭而已，祇是為了追求他們自己的功名心的滿足罷了。所以，所謂戰爭，對於帝王來說祇不過是他們的一種娛樂或遊戲罷了。因此，在最近歐洲各國學者之中，凡是倡導停止戰爭、促進和平學說的人們都是主張民主制度，最後都希望將來要組成一個全世界都能和平友好相處的大聯邦。所以，民主主義必然要同國際和平主義聯繫在一起，它是民主主義理論的一個重要內容。

在談到對待戰爭和銷毀武器這件事時，兆民借用洋學紳士的話

又說了下列一個重要思想，即對此從政治法律的觀點和從哲學理念的觀點有兩種根本不同的認識。從政治法律的角度上看，歐洲反對戰爭的學者們都說，在戰爭中主動進攻、侵略對方是非正義的，但是進行防禦、保衛自己的祖國不受侵略的是合乎正義的，他們的意思是把每個人所擁有的正當防禦權，推廣應用到處理國與國之間關係的方面上來。但是兆民認為這種觀點還是不符合哲學精神的。為什麼呢？因為不管是進攻還是防禦，殺人本來就是一件壞事，它毀壞了一個正常人的生命機能。所以我寧肯讓別人殺掉，也決不會去殺別人，不論他是否是盜賊或凶手。為什麼呢？因為當別人想要殺我，而我也就要去殺他的時候，那就等於別人要做壞事，我也想要用做壞事來報復，這樣的社會就不可能有公正和法律。雖說可以藉口我殺的是凶手或強盜，他是壞人，但他做為一個人，其生命同樣是寶貴的，應當得到尊重的，我如果殺了他同樣也是在做壞事。所謂正當防衛權實際上是一種暫時的，不得已的辦法，並非就是最好的辦法，更不能說是合乎道義和哲學精神的辦法。如果把這種道理推廣應用到國與國關係的處理上，就會更加暴露出其不合理性。因為當碰到敵國來侵略時，我們也要放槍放炮出兵殺敵以自衛，即使是在防禦中進行進攻，也不免會有殺人傷人等壞事出現。所以把個人擁有的正當防禦權應用到國家關係上，也並非是一種哲學思想的本意。因此對待東方這個弱小落後的島國，祇能走和平外交的道路，寧肯被別國占領而成萬國之公民。

對於上述這些議論，豪傑君評價說，這些話全是書生學者們的話，可以寫在書上，但不能在事業中實行，祇能看成是戲談，醉話，開玩笑的空洞議論而已。而洋紳士又反駁說：能讓政治家們說為是瘋狂的東西，這正是我引以為自豪的地方。充份顯示出中江兆民理

論的獨特個性。二人相持不下，留給讀者自己來玩味。

第四節　利用戰爭達到民富國強的目的

在談到用什麼手段、道路、方法來達到民富國強、振興國家的目的時，豪傑君則認為紳士君的觀點是不能實行的空想。那麼應用什麼實際可行的辦法，才能使東方這個弱小落後的國家一躍而進入到西方列強的行列呢？豪傑君，即代表日本當時保守反動勢力的主戰派，提出了他們所謂的治國之策。

一、發動戰爭是振興國家的根本

豪傑君對紳士君的觀點批駁說：無論學者們從理論上多麼厭惡戰爭，但戰爭對一個強國來說終究是不可避免的事情！又何況爭強好勝乃是一切生物的本性啊！在動物界中那獅虎豺狼之類的就不用說了，就是那弱小的蛾蟲螞蚱之類也都以能捕殺別的小蟲為其樂事。也就是說在動物中越是聰明靈俐的，則越是凶殘勇猛，反之越是愚蠢笨拙的，則越膽小怯懦。鴨子是禽鳥中最愚蠢的，祇會呷呷叫，不會踢咬。豬是走獸之中最笨拙的，祇會哼哼叫，也不會攻擊，難道說這兩種東西果真是什麼溫和仁慈的動物嗎？再看看小孩子們，等到剛剛學會爬走之時，捉到了小貓小狗就要拿棍子打，或用手去捉住它的尾巴拖拽著玩，那小孩臉上立刻露出掩飾不住的歡喜快樂的神情來。因此說，憤怒是人發出的正義之氣，凡是有正義之氣的東西沒有不發出憤怒的。所以那貓捉老鼠是貓的義憤，狼捕小鹿是狼的義憤。這兩種動物果真是不仁不義嗎？那種認為這是動物的不仁的想法，祇不過是我們人類自己的想法罷了。就是那些自稱不喜

爭鬥而重視理論的學者們，實際上也是極其喜歡爭強好勝的。請看兩個學者在論述自己所持的觀點而展開爭論、辯論時的情景吧！個個是唇槍舌戰，擼胳膊，挽袖子，吹鬍子，瞪眼睛，喧囂之聲越來越大，而對於對方所說的話根本聽不進去。這時他們一定會說，這並非是爭強好勝，而祇是喜歡自己所主張的理論觀點勝利，其實這祇不過是遁辭罷了。如果真是為了自己理論勝利，又何必大動肝火，而不心平氣和地述說自己主張的理論呢？所以爭鬥是個人的憤怒，爭戰是國家的憤怒。不能爭鬥的個人是懦夫，不能爭戰的國家是弱國啊！人們如果認為爭鬥就是壞品德，認為爭戰就是最下策，那麼我就要回答說，人們現在為什麼非要有這種壞品德，國家為什麼非要實行這種最下策呢？這是實際的事實就必然使它這樣，而沒有別的選擇啊！

因此，文明的國家一定是強大的國家，有戰而無爭。因為國內有嚴明的法度，所以人與人而無爭。又由於有強盛的軍事力量做後盾，所以國與國之間不能沒有戰爭。那野蠻落後的民族，自己內部經常爭鬥不止，怎麼能再有時間和精力去對付外來的敵人呢？因此，請考查一下古今內外的歷史可以看出，凡古代的文明國家全都是古代英勇善戰的國家，例如斯巴達和古羅馬，近代的英法德俄也都是最善戰的國家。文明發展和軍備發展是互相促進的，軍備是各國文明效果的晴雨表，戰爭是各國文明力量的測溫儀。兩國交兵，其學術最精，物資最富者最後一定能獲勝，因為他們的軍事儲備力量也最為雄厚。如果把歐洲各強國同亞洲各國來對比一下看，這不是再清楚也不過的事實了嗎？就在這個時刻，我們的紳士君以區區彈丸之地，大倡其自由平等之義，陳述其四海之內皆為兄弟的情義，豈不是在大白天說夢話嗎？

再者，學者們不懼嚴寒，不怕酷暑，每天每日從早到晚思考寫作，這一切對他們果真有什麼快樂嗎？有，并且快樂極大！那是因為這些人以理論觀點做為槍炮軍艦，把各種錯誤觀點和理論的敵人一一打敗，從而進入了真理的王國，這是他人生最大的快樂。同樣，商人以市場為戰場，以打敗勁敵獲得巨大利潤為最大快樂。農民以戰勝惡劣天氣獲得豐收為最大快樂。總之，大家全都希望能獲得快樂，大家也都各有各自的快樂。難道一個國家本身能沒有自己的快樂嗎？能讓國家得到快樂的是宰相的謀略和武將的韜略，運用好謀略和韜略，國家在戰爭中就能打敗敵國獲得最大的快樂。紳士君以為戰爭不是一件好事，想像軍人在戰爭中風餐露宿，日曬雨淋十分艱苦，想像在戰場上流血犧牲，戰火紛飛十分痛苦。殊不知，戰鬥以勇猛為主，勇猛以士氣為主。如兩軍相交，士氣如狂，勇猛如沸，這真又是一番驚天地泣鬼神的壯舉，哪裏還有什麼艱苦和疼痛可言呢！這是真正軍人最大的快樂。你們紳士君尚且能以筆墨為樂事，而我們軍人則以戎馬生涯為最大的快樂！

豪傑君又說，現在世界上各國都在競相擴充軍備，凡在學術上有所收穫的各種成果，例如各種發明創造都應用到擴充軍備、改良武器方面，以增強自己的國力。在這有千百萬虎狼之師擺在國門之前而要想治理國家之時，除了採用軍國的政治以外，難道還能有別的什麼選擇來維護自己國家的利益嗎？所以說爭戰，即加強軍備是富國和強國的根本大計。

二、祇有侵略他國才能使自己暴富

面對西方列強百萬精兵的弱小國家怎樣來擴充軍備呢？顯然用自己的弱小的兵力來對付西方列強，不用說去攻打人家，就是自我

防禦也是力不從心呀！所以不能去幹得罪西方列強的蠢事。然而幸
運的是，有一個使我們日本領土擴大，國家變富，軍隊增多，軍備
增強的極好辦法，我們為什麼不去實行這個辦法呢？

豪傑君說：

> 在亞洲，還是在非洲有一個大國，我忘記了它的名字，這是
> 一個土地非常廣闊，物產又非常豐富的國家，但是又是一個
> 非常落後軟弱的國家。我所說的這個國家雖說有百萬的軍隊，
> 但是管理混亂不堪，裝備也很落後，根本不能用它來防禦外
> 敵。我又聽說，這個國家雖說有法律，但就好像沒有一樣。
> 這是一頭極為肥碩的大母牛，是供給我們天下這些小國來食
> 用的好食物，可以用它來飽吃一頓而自肥，我們為什麼不趕
> 快割取下一半或者三分之一而自肥呢？❷

接著他又說：可以讓國家發一道詔令下來，廣泛徵兵，至少也能徵
四、五十萬人，把國庫的錢都拿出來，至少也可買幾十到上百艘軍
艦，讓全國各行各業的人全都趁戰爭的勝利而遷往這個大國之中去。
如果把這個大國的一半或三分之一割為我國所有，那麼我國不就搖
身一變變成一個富強的大國了嗎？可以和英俄列強平起平坐了。到
那時，原來的舊小國如何處理呢？我們既然已經得到了一個新大國，
那原來的舊小國就隨便送給別人，比如英國人或者俄國人吧！不行！
這不是上策。因為原來舊小國裏還有民權家，像紳士君這樣的人，
他們不喜歡君主，也不喜歡軍隊。而君主和軍隊都遷到新大國去了，
所以這個舊小國就全都送給民權家們吧！他一定會高興得不得了，

---

❷　同上書，第169–170頁。

這不是高策嗎?

如果我們占有了一個大國,人口眾多,兵強馬壯,船堅炮利,再不斷發展農業、商業,興辦工業,加強行政管理,那我們的財政收入就會滾滾而來,用這些財富再去引進歐美的文明成果,我們國家和人民也會富裕強盛起來,到那時,英法德俄再強悍又怎麼能再膽敢欺負我們呢?

另外,歐美各國能夠做到像今天這樣富裕強盛也不是一朝一夕的工夫所致,那是長年累月全國人民在平時和戰時努力奮鬥才造成的。如果不花費相當長的歲月,不花費智力工夫、生命、財產和大量的金錢,也不可能進入到今天這種文明境界。然而我們想要不勞而獲,不去花費金錢和工夫就突然一夜之間變成暴發戶,那是不可能的。如果像有人說的那樣靠一點一滴辛勤勞作去積累金錢再購買文明的成果,還沒有等到你買到多少文明成果時,你早就會被別國給吞併了。因為我們雖說是一個小國,但對別的強國而言,如果吞併了我們也會增加那個強國的力量,給他們帶來利益;縱令他們有溫和仁慈的心態,可憐我們而不去吞併我們,但是他們國力強大,我們弱小,那久而久之,不免自然而然也會被他們消融同化了。就好像一滴水在強烈的陽光之下,不免自然而然地會變為蒸氣一樣,祇能被消滅而已。

所以,落後於別國,而又想要國家強盛的,其總的辦法不外乎要用巨額金錢去購買文明,而做為一個又小又窮的國家,不能支付這樣大的一筆費用,為了使自己能成為一個富裕強大的國家,就不能不去割取別的大國的肥肉。然而依靠上天的恩惠,在我們的眼前就有這樣一個龐然大物,土地肥沃,而軍隊軟弱,為什麼不僥倖去占領它呢?假如讓那個大國自己富強起來,即使我們想要去割取它

而自肥，也成了不可能的事了。現在幸好趁著這個大國正懶惰懦弱，而又極容易下手割取它的時候，我們這個小國幹什麼不趕快下手去割取它呢？占領了它，就可以自富自強，拿不到它那我們也就祇能自取滅亡了。這完全是軍國主義的反動主張。

豪傑君又說，退一步來說，即使站在革新派的立場上，想要把我國變為一個文明先進的國家這一點上來考慮，對外實行侵略政策也是不得已而必須要採取的政策呀！這是為什麼呢？

請看，凡是落後於別國而又想通過革新進入到文明先進國行列的國家中，不可避免地會出現革新派和守舊派的尖銳鬥爭。對於守舊派的人士來說，凡是遇到了新的思想、新政策、新事物、新習俗都看了不順眼、不習慣、不舒服，而習慣於傳統的舊法規、舊事物。相反，對於革新派的人士來說，凡是遇到了舊法規、舊觀念、舊事物、舊習俗就像聞到了腐朽臭氣一樣感到討厭、不舒服，而對新思想、新事物唯恐自己落後，極力吸收。這兩大派在國民中形成了水火不相容的對立。從年齡上看，三十歲以上的人往往傾向於戀舊，而三十歲以下的人往往傾向於好新。但也不絕對，有些有知識有才幹的人士可以例外。從地域上看，凡是封建時代封閉的邊遠地區的人們傾向於戀舊。凡是交通發達，商品經濟發展的地區的人們傾向於好新。但是有知識有才幹的人士可以不在此例之中。

因此，在一國之中，原來就有在朝在野，為官和為民的區別，還有士農工商各種等級與行業的區別，現在又另外產生出了戀舊和好新兩大派別的區別和對立，相互排斥，相互角鬥，表現在社會生活的各個方面，這就造成了本來弱小落後的國家又一大不可救藥的病患，更加劇了國內政界的鬥爭。像這種現象古今都有，確實是一件令人頭痛，令人發愁的事情。戀舊的人士們一般都身體魁偉，性

格豪爽，而每當他們遇到事情則要果斷實行，絕不考慮是否會有什麼有害後果，也不畏懼所謂社會輿論的影響，凡遇到需要細心計謀籌劃的事則以愚拙來拒絕。實際上他們是「稱愚而自以為智，說拙而自認為巧」。相反，那些好新的人們則不然，不論遇到什麼事情，都要慎重行事，揣本度末從各個方面加以周密權衡考慮，如果不考慮得萬無一失，絕對不敢貿然行事。他們的思想往往是深沉而著實。二者在政見上往往有很大對立。可以設想一下，在一個國家之中不論朝野，有這兩種人物相互爭鬥，互相競爭，都想爭得自己的勝利，那麼這個國家的政權怎能不處於危險之中呢？所以如果在這兩種人物之中不除去一種人物，那將國無寧日，什麼事也做不成。

兆民借用豪傑君之口說：

> 「那好新的人物，好比鮮肉，而那戀舊之人好比是致癌的腫瘤，所以必須要鏟除那腫瘤。」❷❶

這就叫做政治的外科手術。怎麼才能除掉這種國家政治的腫瘤呢？就是把這些戀舊的人物都驅使到國家發動的侵略戰爭之中去。反正這些人物對建設新事物不感興趣，整天想著惹是生非，爭強好鬥，苦於無事。從民主改革家的立場上看這也是一舉兩得，兩全其美的政策，何樂而不為呢？這樣盡舉國內一切青壯年人都開赴到那個大國中去，從而使我國由小變大，由弱變強，由窮變富，再拿出巨額金錢來買進西方文明的成果，求得一步跨入能同西方列強競賽爭雄的境地，這就是我的主張。反之如在國內政治改革中逐步把這些阻礙改革的守舊勢力清除出去，這乃是第二等的下策啊！

---

❷❶　同上書，第182頁。

　　眾人聽到我的這兩個政策手段以後，大概會個個驚奇得目瞪口呆吧！那是因為普通的人們根本不懂得政理和政術的區別，理論、理想和權謀策略的區別而已。主張戰爭和侵略也是實現自由民主的一種權謀策略手段，是不得已的事情。由此可見，兆民在對待戰爭和侵略的問題，當時確實是陷入了進退兩難的境地。一方面對日本的主戰派，保守派有所揭露和批判，另一方面又幻想通過發動戰爭手段來解決日本實現民主和國家的富強的政治目的。這在他晚年的言論和表現中清楚地看到這一點。但是總的說來，在這時，他對主張侵略別國的觀點還是持批判否定態度的，這從南海先生對戰爭的態度中可以看出。

三、權略和術的思想

　　在中江兆民的社會政治思想理論中，權略和術的思想占有重要的地位。他借用豪傑君之口說出了自己關於權略和術的思想。他說：

> 天下之事，全都有理和術之分，竭盡全力加以研討使之明確完善的是理，而使之收效於實際領域之中的是術。在醫學中有醫理和醫術之分，在政治中也有政理和政術之分。細胞學說、細菌學說是醫理，發燒了投用青黴素，細菌感染了用紅汞藥水這是醫術。自由平等之義、經濟之旨這是政理，使國家轉弱為強、化亂為治這是術。❷❷

他又說：

---

❷❷　同上書，第185頁。

權略，這決不是壞字眼，哪怕是聖賢，假使要想把事情做成功，那就一定不可不講權略，所謂權略，就是手段，就是權宜之計。但權略可以用來對事，而不可以用來對人。正直和奸邪的分別，僅僅在這一點上。……這就是所謂用權術去對人，這本來是可憎可惡的！用權略去對事，多多益善，把事情做成功的關鍵，正是在這裏，這大概可以叫做方法和步驟吧。㉓

把政治理論同政策策略，革命目標和實現目標的方法道路區別開來，並且重視政治策略、政策、方法、手段的重要意義和作用，這本是無可非議的。尤其在當時日本明治時期要實行革命的民主主義理想，必須分為立憲制和民主制兩步走，必須善於爭取和利用天皇政府某些改革的積極性，必須利用西方列強之間的矛盾等思想都是正確的、可貴的。正因為如此，他才說：

世人安於常規，守於姑息，怯於一切激烈果斷的實行措施，……然而古今的豪傑之士凡碰到了非常的變故，全都是提出了非常的計謀來，也沒有一個不收到非常大的功效來的。常言道：如果敢於堅決果斷地行事，就是鬼神碰到了也要迴避，正是說的這個意思。又況且執掌了大權的人們要因時、因地，而各自選擇不同的策略手段。㉔

這就是說，雖然進化之理是一個客觀的歷史發展趨勢，但是具體在

㉓ 《一年有半‧續一年有半》，第23頁。
㉔ 《三醉人經綸問答》，第184頁。

哪個國家來實現這個歷史進程中所規定的民主制目標，自然要經過一個漫長曲折的道路，尤其對於像日本這樣又窮又小的落後國家。所以在這個革命過程中，必須要講求實現革命或改革目標的方式方法和手段，這就叫權略戰術。如果不這樣就難以達到或者說拖延十年百年才能達到這個目標。所以必須根據當時的各種實際狀況，進行有理、有節的鬥爭，不能進行超越歷史階段和社會實際狀況的投機和冒險。但是兆民的權略和術的思想來源，明顯屬於中國舊封建統治階級的思想範疇。這種思想在舊的封建帝王處於上升時期和鞏固自己的統治地位過程中也起過某些積極作用，例如秦始皇時代法家的法術勢的思想等。但是這種思想中起主導作用的還是為帝王專制制度服務的殘忍性、瘋狂性、狹隘性、保守性、神秘性和投機性的東西，是為廣大民眾和光明磊落的大政治家、思想家們所不齒的東西，就是在封建專制時代，也是祇能藏於秘室，施於陰謀之中的東西。這種權略和術的思想，說穿了就是要實行「量小非君子，無毒不丈夫」的冒險，同時也等於贊同投機應變，為達目的而不擇手段，毫無一點禮義廉恥的道德感。大概也正因為如此，中江兆民才對之有所限制，使之祇能施於事而不能施於人。但在實際施行之中，事與人是很難以區別的。正由於這一點，中江兆民有時甚至達到本末倒置、權理顛倒的地步，從而在晚年公開主張和叫囂要侵略朝鮮、臺灣和中國大陸，這成為他政治思想中最為落後，保守和最具有封建反動性的一部份。雖然說，這些主張侵略的思想自己辯解說是做為實現民主的手段，並且在他的整個思想體系中並不占有主導地位，但它畢竟是他身上所固有的封建武士階級的明顯思想烙印。日本明治時期的思想家不能真正依靠民眾的力量，不相信群眾的智慧，必然祇能從舊封建時代的權略和術的思想中來尋找救世濟民的武器，

把政治的策略方法和政治的理義搞顛倒了，顯然這是包括中江兆民
在內的所有日本明治時代的思想家們不可掩蓋的歷史污點。所謂豪
傑君想要割取的大國，雖然沒有指名道姓，在當時的歷史條件顯然
是在暗示中國大陸、臺灣和朝鮮，這是每個有愛國心的中國人決不
能坐視不理，堅決反對的。

第五節　南海先生的總結與主張

一、南海先生的總結

　　南海先生對二人的理論觀點加以總結說：紳士君的理論觀點簡
言之就是說，民主平等的制度是各種制度中最完美純正的制度，世
界上一切國家按進化之理早晚都要實行這種制度。而做為弱小國家
不能一步就達到富國強兵的目標，所以必須盡快實行這種完美純正
的民主制度，然後撤銷一切軍備，放棄它不如強國萬分之一的武力，
運用無形的理義，大力興起學術，把整個國家建成一件精美的藝術
作品，以此引起各強國的敬慕，而不忍心再來侵犯它。豪傑君的主
張簡言之就是說，現在歐洲各國都在爭先恐後的擴軍備戰，一旦有
一天戰爭爆發，其災難必將降臨到亞洲各國。在這個歷史的關鍵時
刻，做為我們弱小的國家，祇有做出英明果斷的奇絕之策，盡舉全
國的青壯年人都立刻投入到擴軍備戰之中，參加軍隊，去侵略攻打
別的國家，擴展自己新的地盤。即使不能這樣做，就是從想要整治
好自己國家內政這一點出發，也必須要除掉那些妨礙國家改革的戀
舊保守人物，為此也必須要採取對外侵略和擴張的政策，把那些戀
舊人物驅使到為國建功立業的戰爭中去。南海先生說，二人的觀點

一個是烈酒，使人頭暈目眩；一個是猛藥，使人催肝破肺。我這枯萎的大腦，難以消化理解二位的高妙理論，請你們二位各自去努力試驗自己的理論吧！我將拭目以待。

南海先生又分別對二者進行了分析和總結，他指出紳士君之論是醞釀在歐洲學者的頭腦之中，發揮於他們筆上舌端，但尚沒能顯現於世界上的光輝燦爛的思想的慶雲；豪傑君之論是古代英雄豪傑在千百年裏經常施行於事業中並取得功名，但現在已經不能再實行的政術的幻戲。慶雲是未來的祥瑞，祇能盼望而感到高興；幻戲是以往的奇觀，祇能回顧而快樂，全都對當前的事業無益。

對紳士君之論，南海先生批評說：首先，紳士君之論如果不是全國人民同心協力而努力奮鬥是不能實行的。其次，紳士君所說的進化之神的前進路線，決不像幾何定理那樣遵循著一條直線的路線。在她前進的道路上會有許多不可測的災難和曲折等著她衝破呢！因此祇能一步步的緩步而行。另外，那進化之神也有她所厭惡的東西，那就是她所說的話、所講的道理不知道時間、地點和條件而硬要照搬照套地去實行。就是說任何政事之理中最重要、最根本的一條，就是必須根據國民的意志去實行適合於國民知識水平和實際情況的政策。保證讓國民能得到一個和平安定快樂的生存環境，讓國民能夠獲得到物質的福利。如果我們不顧這些最基本的條件，硬要去實行紳士君民主制，怎麼能獲得成功呢？這是對紳士君的批評。

那麼南海先生的觀點是什麼呢？他認為，如果從專制制度一出來就一步跨入民主制，這決不是正常的發展次序。因為在這時，每個人的頭腦深處還刻有封建時代的思想，突然進入民主制時，人們的頭腦一下子都被搞亂了。祇有少數人能跟上時代，喜歡新事物；大多數人還在迷惑之中，這是非常不利的。況且世界上的民權本來

就有兩種：一種是恢復的民權，就像英法等國家人民從下而上爭取而來的民權。另一種可稱為恩賜的民權，就是從上而下恩賜給民眾的民權。恢復的民權是從下而上爭取來的，所以它的份量的多少是由民眾自己來決定的。但恩賜的民權是由上而下賜給民眾的，所以它的份量多少是由上面決定的。儘管如此，這仍然是實現民主制的最初形式，可以逐步增加，把二者結合起來實現民主制，這就是我所主張的立憲制。即兆民一貫主張的君民共治之制。對於豪傑君主張發動戰爭的觀點，南海先生批評道：豪傑君所說的非洲和亞洲有一個大國，我雖然不知道他所指的是哪個國家，但是如果指的是亞洲的國家的話，那就應相互結成兄弟之國，相互幫助，相互支持，絕不能做出發動戰爭侵略別國，屠殺無辜人民的下策來。如果指的是中國，無論從其風俗習慣，還是從文化制度上來說，或者所處的地理位置來說，我們做為亞洲的一個小國都應當同中國和平友好相處，鞏固和發展兩國外交關係，千萬不能追求以仇恨相互轉嫁。中國國土遼闊，人口眾多，物產豐富，這確實是我國的一大貿易道路，我們可以收到源源不斷的貿易利益。如果不顧這些而逞張一時的武力，以瑣碎的事情做為藉口，祇想對中國發動侵略戰爭，這是我尤其不認為是好的計策。總而言之，外交的良策是，不論對待任何國家都應與之和平友好相處，即使到了萬不得已之時，也祇能採取防禦戰略。就是說為了民眾而做減輕老百姓負擔的工作，而千萬要避免去做勞師以襲遠的擴軍備戰工作。如果我們自己不無緣無故地產生外交上要想侵略別人的神經病，那中國難道還會來主動與我國為敵嗎？南海先生完全否定了豪傑君的觀點。

那麼南海先生的觀點概括起來說是什麼呢？他說：

也祇有建立立憲之制，對上則宣揚天皇的尊威，對下則增加國民的福利，設立上下兩院，上議院由貴族充任，使之世代相承。下議院由普選方法推選，其詳細辦法可採用歐美各國現行的法規制度。至於外交總方針則主張和平，祇要不達到有損於國體絕不對別國宣張武力，發動侵略。對言論、出版等各種法規逐漸放寬，並逐步發展文化教育事業，振興工商業等等。❷⁵

二客聽完南海先生的觀點都笑了起來，我們本以為先生有什麼奇談高見呢，原來都是些街談巷議，老幼全知的普通政治見解呀！南海先生立刻把臉色變得嚴肅起來說，平時閒談，爭奇鬥怪，開個玩笑對國於民無大妨害。但真正要論及到國家百年大計之時，又怎麼能以標新立異，爭奇鬥怪，圖一時之快樂為根據呢？我之所言全是嚴肅認真的政見，決無奇談怪論，請二位原諒了。二位告辭，據說那洋紳士去北美，而那豪傑君去上海，但南海先生祇是依然在飲酒。兆民以此結束了全書。

二、《三醉人經綸問答》的歷史影響

兆民通過書中近似於醉談和狂想式的大膽論述，不僅闡發了自己的進化論的社會歷史觀，以同當時占統治地位的皇國歷史觀相對立，而且又展望了日本今後的政治形勢。兆民逝世以後，日本歷史的發展進一步向我們表明了，兆民在書中所做的論述、分析和預言，決不是沒有現實生活的典型性的。許多歷史事實不幸被兆民言中！請看，他的學生和好友，一貫以徹底的民主主義革命家為己任的幸

❷⁵　同上書，第203頁。

德秋水，像紳士君一樣去了美國，回國以後接受了無政府主義，反對天皇政府，後來被以大逆罪判處絞刑；以豪傑君為樣本的日本武士道精神和軍國主義的狂人北一輝❷等人，去上海進行軍國主義武士道精神的宣傳，回國後被處以死刑。大正7年 (1918)被視為大正民主運動成果之一的事件是組成了民主派的原敬內閣。其代表人物吉野造作❷是中江兆民理論的崇拜者。他一方面承認從天皇政府那裏得來的「恩賜的民權」， 另一方面又使「恩賜的民權」不斷增加新的內容，以逐步接近「恢復的民權」，使令二者像南海先生所說的那樣，「並駕齊驅」。這不說明日本歷史正按著兆民——南海先生的政治方案逐步實施嗎？然而不幸的是豪傑君所極力主張，而南海先生又極力反對的對朝鮮、中國大陸和臺灣發動侵略戰爭，這件事變成了歷史的真實。在戰爭中日本幾乎像書中預言的那樣遭到滅頂之災，二戰後的日本憲法又像紳士君所說的那樣宣布放棄戰爭，開始了真正和平民主的新的建國時期。在日本明治思想家中，有哪一位思想家能對社會政治歷史的演化進程像透過玻璃缸觀賞游魚一樣看得如此清楚透明。這也許是他的民主主義進化論的歷史觀的偉大威力的證明吧！所以說《三醉人經綸問答》一書是我們全面了解兆民的哲學思想、性格為人的一本不可缺少的重要著作。不讀這本書，就不能真正理解兆民其人。這本書可以說是日本哲學思想史上的一本奇書，這本書的作者也可說是日本哲學史上的一位奇人。

---

❷ 北一輝，日本法西斯主義思想家。1884–1937。

❷ 吉野造作，日本戰前民主主義政治家，1878–1933。

第四章　明治唯物主義無神論的頂峰

　　中江兆民雖然從青年時代起就對哲學深感興趣，並且翻譯和編譯了一些西方的哲學著作，也能經常從哲學的高度來闡發他的政治主張和政治理論觀點，他的政論文章往往也帶有濃厚的哲學性質。但是畢竟由於種種條件的限制，和他本人所處的艱難困苦的處境，而沒能抽出更多的時間來從事專門的哲學研究和著述。祇是到了晚年，得知自己患了癌症，僅有一年半左右的生存時間以後，他在同貧困和病痛的搏鬥之中，在沒有一本參考書的情況之下，僅用了十幾天時間，由他口授，他的門生幸德秋水筆錄，寫成了他一生中唯一的一本獨立闡述自己哲學思想的哲學著作《續一年有半》，在書中他明確地提出了自己所堅信的無佛無神無靈魂的純粹物質學說，同當時在日本流行的宗教神學和形形色色的唯心論，特別是同近代實證主義的唯心論哲學相抗衡，從而把明治唯物主義無神論哲學推向了一個歷史的高峰，在日本近現代哲學史上譜寫了光輝的一頁。

第一節　哲學思想的來源和形成過程

一、哲學思想兩大系統的來源

　　中江兆民的哲學思想來源，明顯可分為東方和西方兩大思想文化系統的影響。就西方思想而言，他主要是受十八世紀法國啟蒙思想家們的唯物主義無神論的思想理論的深刻影響。一是伏爾泰、狄德羅等人對他的影響，特別是狄德羅帶有辯證法色彩的戰鬥的無神論和唯物論思想，同他的思想理論極為相似，他本人也曾多次提到並介紹過狄德羅的思想。另外，盧梭對他的影響也不小。盧梭的哲學雖然不是無神論，而是自然神論。但是盧梭所說的神，已經不是宗教意義上的神了，這種神實際上是指一種客觀的自然界中的物質力量，是指自然本身的發展規律和必然趨勢，具有明顯的無神論傾向。中江兆民在《三醉人經綸問答》中常說的「進化之神」、「社會進化之神」、「政事進化之神」也正是在這個意義上所使用的，其實質也是唯物主義無神論的。其次，英國培根、洛克唯物主義經驗論、感覺論的思想在他的著作中也有明顯反映。這些思想要素構成了他的哲學思想的核心內容。二是自然科學中所包含的唯物論思想要素對他的影響。他對牛頓、拉普拉斯❶、拉瓦錫❷、達爾文等近代的自然科學家們的科學成就非常熟悉。在他的早期、中期的文章著作中非常推崇和肯定歐洲自然科學理論和技術發明所取得的巨大成就，特別是對十九世紀以後自然科學技術的新理論和新成果，例如天文學、物理學、化學、生物學、解剖學、醫藥學等知識他都有所了解。其中特別值得提出的是達爾文的生物進化論的思想，物理化學中的元素論的思想，天文學中的天體演變的思想，細胞學說中的遺傳變異的思想等，這些對他論證其唯物主義無神論非常有力的思想要素和論據都被他所採納吸收，做為他構成自己的哲學理論的基

---

❶　拉普拉斯，Pierre Simon Laplace，1749–1827。

❷　拉瓦錫，Antoine Laurent Lavoisier，1743–1794。

礎和論據。可以說，如果抽出這些十九世紀自然科學技術中所含的唯物主義思想要素，他的近代唯物主義無神論則很難成立。三是近代西方實證哲學對他的影響。眾所周知，日本引進西方思想文化和哲學是從引進西方實證主義和科學技術開始的。實證主義在當時是廣泛流行的哲學思潮。兆民不可避免的要受其某些影響。但是，他並不是一個實證主義的自覺信奉者和擁護者，甚至在早年他就對實證主義的功利道德倫理觀點表現出公開的不滿和反對。例如，他在早年《東洋自由新聞》時期寫的〈井上參議員的演說不過是一時的謬傳〉和〈答淺野先生〉等文章就明確批駁了實證主義功利主義的觀點。他是從政治上反對實證主義，到從哲學理論上反對實證主義，最後同實證主義決裂，從而揭露批判實證主義的，這正是中江兆民所走過的一條哲學道路。眾所周知，西方實證主義哲學是打著科學的哲學幌子的，本身帶有折衷性、混雜性和二元論特點。所以實證主義者或帶有實證主義傾向的自然科學家的著作中，也都大量援引了一些最新的自然科學成果，甚至唯物主義的個別觀點和論據。他們在表面上也承認實驗和感覺經驗的重要作用，也重視邏輯推理方法的重要作用。這些思想因素本來就是唯物主義固有的和一貫主張的，並非為實證哲學所獨有。因此在政治上處於上升進步時期的思想家中江兆民所吸收的，主要是這些唯物主義無神論的合理要素，吸收最新的自然科學技術的成果，並不是實證主義中的不可知論，神秘主義唯心論的雜質。與此相反，他是逐步批判清洗了這些雜質以後而走向唯物主義的。對此兆民自己在《續一年有半》對實證主義的批判中已經向我們揭示了這一點，因此筆者不敢苟同有些論者，把兆民的哲學思想的來源簡單的歸於西方實證主義的影響，而應對之進行具體的歷史的細緻分析。

其次，雖說兆民的哲學思想主要來源於18世紀法國唯物主義無神論哲學，但是他所依據的自然科學的根據和自然科學中所含有的唯物主義觀點，顯然又比十八世紀法國唯物論大大前進了一步。十八世紀法國唯物論的自然科學根據主要是伽利略、牛頓、笛卡兒❸等人開創的數學力學方法，因此機械性、形而上學性都特別突出。從社會歷史發展方面看，當時自由民主的制度剛剛建立，新興的民主力量由於自身發展的不成熟性，在哲學上往往比較容易採取片面、孤立、靜止、絕對化看問題的方法。加之新民主制的各種社會矛盾尚沒充份暴露，所以十八世紀法國唯物論的機械性、形而上學和唯心史觀的三大缺陷也表現的特別突出。到了十九世紀的中晚期情況又有所不同。自然科學又大大地向前發展了，三大科學發現已經公開於世，自然界的有機聯繫和發展線索日益清晰地展現在世人面前。中江兆民所運用的主要是這些自然科學的最新成果，因此在論述唯物論的理論觀點時，就明顯地要高於十八世紀的唯物論的水平。例如，他不能不承認自然和社會在一定條件下和一定限度內的發展變化，他論證了整個自然和社會是一個有機發展進化的過程，也承認各種事物之間的普遍聯繫和互為因果。例如他說過：「進化之勢喜進不喜退。」他又說：各種事物「都是互相聯繫，互為因果的」。這些觀點明顯都高於十八世紀唯物論的水平。因此我們說他的哲學思想雖然主要來源於十八世紀法國唯物論，但決不等於說它就是法國唯物論的機械翻版，而是適應於日本歷史條件的有所前進，有自己獨特特點的日本型的近代唯物論哲學。正是在這種意義上我們才把它叫做「中江主義」。

他的哲學思想第二個系統的來源則是東方，特別是中國古代哲

---

❸ 笛卡兒，René Descartes，1596–1650。

學思想對他的深刻影響，其中，中國的老莊哲學和中國儒家道德哲學對他的影響最深。他做為一個漢學家，對中國古典文獻有很深入的研究和很高的古漢文寫作水平，這在前邊所述的生平事跡中已經提到了。其中中國的古典名著《莊子》、《孟子》、《史記》、《碧岩集》這四部書對他的影響最大，其他的經史子集，詩歌散文等漢文作品也有很深的影響。例如詩人杜甫詩中代表人民性的思想是他所極力讚賞的。至於劉邦、諸葛亮這些歷史上有名的人物的思想和治國謀略也是他所極為推崇的。據著名學者劉及辰❹先生研究考證，柳宗元、劉禹錫的關於社會歷史進化發展的思想對他的影響極深，在他的進化論的社會歷史觀和民主民權的政治思想中大量融合了這些合理的思想要素，據說《封建論》的行文結構同兆民關於社會發展三階段的思想極為相似。對《孟子》一書，他吸收了孟子主張的「民貴君輕」、「民不畏死」、「捨生取義」、「唯理義是求」等帶有民主性和人民性的思想精華，他甚至把孟子、柳宗元、劉禹錫這些東方儒家的思想家們，說成是近代民主民權思想的創始人或先驅者。他說：「民權是個至理；自由平等是個大義。違反了這些理義的人，終究不能不受這些理義的懲罰。即使有許多帝國主義國家，也終究不能夠消滅這些理義。帝王雖說是尊貴的，祇有尊重這些理義，才能因此而保持他們的尊貴。中國早已有孟軻和柳宗元看穿了這個道理，這並不是歐美專有的。」❺由此可見，兆民是按著盧梭和孟德斯鳩等西方民主共和思想觀念去理解孟子、柳宗元和劉禹錫的，主要是吸收其優秀的反映時代發展、社會進步的思想要素。但是兆民對中國的傳統思想文化並不是採取全盤吸收的態度，對中國古代傳統的思

---

❹　劉及辰，當代中國的日本哲學研究專家，1905–1991。

❺　《一年有半・續一年有半》，第32頁，商務印書館，1979。

想中的落後、保守、迷信、愚昧、專制主義的東西，他則能站在民主主義和唯物主義無神論的立場上加以無情的痛斥，對待宣傳封建迷信、宗教唯心論的揭露與批判更是毫不留情。例如，在早年，他曾專門寫文章痛斥孔子的「民可使由之，不可使知之」的專制愚民的謬論。批判中國儒家聖人所提出的某些道德說教，空洞抽象，不切實際，落後於時代發展，是愚腐透頂的空談。當然對於東方思想對他的影響作用也分為積極和消極的兩方面，中國古代哲學思想和社會政治理論中消極落後的東西也對他有所影響，這也是不用諱言的，例如他的權略和術的思想就是明顯一例。在理想和實現理想的方法、手段道路上，他常常處於矛盾狀態，有時就過份強調權謀、策略的作用，甚至在個別觀點上，在某個時期達到了理義和策略顛倒，把主張侵略中國和亞洲各國做為他實現民主制的一種方法、道路從而墮入到帝國主義、軍國主義反動思想家的泥坑的地步，則不能不說是令人遺憾的。另外在早期、中期他也接觸並研究過印度佛學和中國禪，其中的虛無主義、調合主義，超越一切，即「色即空，空即色」的唯心主義思想對他也有一定影響。但是，東方文化對他的影響以積極進步方面為主要方面，這應是毫無疑義的。

值得一提的是老莊思想對他的影響，這種影響確實存在，不可否認的，問題在於我們如何分析認識它。筆者認為，中江兆民的唯物主義思想來源之一就是他對《莊子》一書中的「薪火之喻」，完全做了唯物主義無神論的理解和解釋。當然持這種解釋的人中江兆民並不是第一人。早在中國古代的著名無神論者像戴逵、何承天和範鎮等人就是這樣解釋和理解的。這種解釋也早就傳到了日本，直到他的漢文老師岡松甕谷老先生就是這樣唯物主義地解釋「薪火之喻」的，他祇不過是繼承和發揮了這一著名觀點罷了，是把它建立

在近代自然科學為根據的唯物主義無神論基礎之上。除此以外，他還特別吸收了《莊子》中承認發展、承認進化的自發的辯證法思想，和強調自然界在時空上是客觀無限的思想，這些唯物主義觀點顯然來自中國古代老莊哲學對他的影響。如果像有些論者那樣乾脆否認他的唯物論無神論來源於對《莊子》一書的唯物主義解釋，這倒是方便，但這並不符合他思想來源的真實情況。

總之，他的思想來源大體上可以說來自兩大系統，具體地說他的哲學思想是帶有東方唯物論自發辯證法色彩的近代唯物論無神論哲學，用一個不一定恰當的比喻，可以說是在東方樸素唯物主義無神論的底彩上所繪製出的，以十八世紀法國唯物論和近代自然科學唯物論圖景的，日本型的有獨創性的唯物論哲學。是以法國唯物主義為實質，以十九世紀自然科學和社會知識為基礎的，帶有東方樸素唯物主義色彩的日本明治時代的唯物論哲學。我們說他的哲學是日本型的近代唯物論哲學就是指這個意思。

二、哲學思想形成和發展的過程

兆民雖然在晚年以哲學遺書的形式提出了自己唯物主義無神論哲學的綱要，但決不能認為他的唯物主義無神論思想是沒有思想基礎，突然心血來潮即興之作。這是他集中一生在頭腦中逐步形成的哲學思想的結晶，它的形成和發展是有一個歷史發展過程的。

早在他1881年開始從事公開獨立的文筆活動的初期，就已經明顯的表現出某種唯物主義無神論傾向，這同他所具有的積極向上的求民主、求科學的精神風貌是密切聯繫在一起的。第一、他能經常站在自然科學學者的立場上來分析和論述問題。在一篇有關醫理和醫術的關係的論文中，他辛辣的嘲諷了那些對近代醫理一竅不通，

而又要給人們治病的巫神巫醫的欺騙行徑。他說，有一次他看到一個巫醫在給人治病時胡亂念了一通咒語之後，就一個人偷偷鑽進了密室之中，在密室裏有許多用繩子掛著的小藥包。這個巫醫又一邊胡亂地念咒語，一邊用手拿著個小木棍朝這些藥包亂敲一通，如果看見哪個藥包的繩子斷了，就欣喜若狂地把它揀起來，走出密室，再送給病人吃，這就是巫醫治病的所謂醫術。兆民說，那些不相信科學真理，而又樂於搞迷信的人們大體都這樣愚昧。

另外，他十分尊重實際，尊重科學實驗的結論，尊重人民大眾的實際經驗，十分強調理論必須同實際操作相結合，堅決反對空談理論，反對偏激詭奇之言。對於那種脫離實際，祇會空談的人進行了尖銳的批評。他說：

> 理論是實際操作的根據，實際操作是理論的歸宿，理論和實際不能分離，就好像物體的形狀和它的影子不能相分離一樣。因此，理論如果不能在實際操作中實行，那麼，這種理論無論如何巧妙，也祇能是畫餅，不能拿來充飢，並非是真正的理論。相反，行動如果沒有理論根據，那麼，這種行動即使偶然取得了成功，也祇不過是僥倖碰上了，也並非是真正自覺的行動。總之，理論和實踐二者是絕對不能分離的。

他又說：

> 儒者好為空論……這種人嘴上很會說，但並不能實行。如果不經過實驗的檢驗的話，這種理論是不合於實用的。

他還很有風趣地對喜歡空談理論的人諷刺說：

> 有人說，月亮是個大家所共有的極為貴重的好東西，千萬不
> 要一個人把它偷回自己家中去。這話固然不錯，但即使他不
> 這樣說，實際上月亮也不是一個人能夠用手拿到的東西。……
> 因此有些道理雖說不錯，但不能實行，也算不上好理論。可
> 以說理論的正確與否，還要等到實行了以後才能確定。❻

這些論述都帶有唯物主義經驗論的傾向。他還例舉《史記》中的小
故事來諷刺那些祇會坐而論道，而拿不出真正利國利民的治國方略
的人們。他說在古時候有個國王看到別人家大門上塗著紅色油漆顯
得十分氣派漂亮，於是回國後和群臣說，是不是把我們京城門樓的
大門和城牆也全都染成紅色，這該多麼好啊！群臣沒有一個敢出來
反對的。這時在國王身邊的一個侏儒說：國王的主意真英明！但是，
還必須同時蓋一個能罩得住整個城樓和城牆的大棚，以防下雨和日
曬時紅色漆不脫落。國王聽了這話也就不再提這件事了。很明顯，
兆民的意思是即使是身為尊貴的帝王的人提出的主張和理論，如果
不能實行，也算不上是好理論。像上述這類的論述還有許多，很明
顯這些論述都包含有唯物主義的尊重客觀事實的傾向。

　　另外，他還從中國古代思想中吸收尊重客觀事實和客觀規律的
唯物主義觀點。他在《東洋自由新聞》中寫的一篇名為〈天論〉的
文章很明確的指出：「天是大公無私的」，它不能，也不應當去干涉
人類社會中的事物，人們的幸福和權利還要靠人們自己用行動去爭
取。在早期的論述中，有明顯的「自然元氣說」的樸素唯物主義思

❻　《兆民選集》，第39-40頁。

想。他認為自然界是由「天氣上升，地氣下降」所形成的，並且用「陰陽升降乃是天地之交易」這種樸素唯物主義的思想觀點來論證發展近代的商務貿易、科學技術、產業實業是合乎客觀事務發展規律的❼。總之，在他早期的文筆活動就明顯表現出自然科學唯物主義，自發樸素唯物主義和尊重經驗的唯物主義傾向，並能用這種唯物主義觀點反對宗教迷信，反對空談理論，反對脫離實際的唯心主義傾向，為他後來走向唯物主義無神論奠定了初步基礎。

1882年他在《政理叢談》第2期所寫的〈理學之旨〉（即哲學的宗旨）一文中就已經認識到，物質與精神的關係，肉體與思想靈魂的關係問題，是劃分各種哲學派別的根本標準。雖然這時他仍然有受實證主義的折衷主義傾向的影響的印記，錯誤地認為唯物主義和唯心主義「兩者互有長短」❽，但是他畢竟把兩大對立的哲學派別區別開來了，這就為他自覺地確立唯物主義無神論立場打下了基礎。

另外，這時他已經開始認識到哲學同政治理論和社會歷史學說之間有著密切的關係。他祇是為了建立和論證自己的民主民權理論而進一步深入地去研究哲學。在這時他已經立下了今後準備寫一部完整的關於哲學或者是哲學史方面的巨著的志向❾。

在1885年他編譯的《理學沿革史》即哲學史一書的〈譯凡例〉中說：

> 蓋法國哲學從來就有兩種，一種是官方提倡的官學，屬虛靈論（唯心論），提倡意志和情欲的自由，把天神放在整個世界

---

❼　同上書，第43和49頁。

❽　同上書，第94頁。

❾　同上書，第94頁。

之上，儼儼以臨於萬物之上，並做為一種確定的學科來講授它。因此凡列為官學的哲學，其內容以及論述的順序都是固定不變的，並且內容也完全一樣。另一種是民間所倡導的學說，不論屬於什麼派別，全都能各自自由地論述，並且大體上都是把官方哲學所排斥的各種異端學說，其中特別把被排斥的實質說（唯物論）學說做為它們的主要內容。

在這裏，他明顯表現出唯物主義的傾向。另外，他把唯物主義學派同民間的進步學說聯繫起來，而把唯心主義同官方的保守僵化的理論相聯繫，並比較了二者，從而看出他已經認識到了唯物主義的優越性和真理性。但在這時，他仍然把實證主義這種狡猾隱蔽的唯心主義視為唯物主義，不能認識到二者的根本區別。

到了1887年，在他所編譯的《理學鉤玄》即哲學概論中，已經把唯物主義同政治上的民主主義聯繫起來了，他明確說過，唯物主義者的政治觀點極其重視自由平等二義，為感覺論者，反對和批判專制壓迫。據日本著名學者永田廣志考證論述，這本編譯的著作在體制安排上、論述的語言風格上同《續一年有半》極為相似。在論述到唯物主義對唯心主義的批判之處，都極力給予熱情地宣揚。反之，則一般的客觀介紹，由此可見，這時他的唯物主義觀點已經基本上確立和形成，祇是沒有抽出時間寫成系統的著作而已。

在同年所寫的《三醉人經綸問答》一書，雖然說主要是寫社會歷史觀和政治理論的著作，但在其中，他大量引用了十九世紀最新的自然科學成就，像達爾文的生物進化論，天體演化論、物理化學的元素論，細胞學說等觀點，明確地把自然之勢、進化之理說成是客觀的不依人意志為轉移的自然規律，把整個自然和社會看成是一

個進化發展，不可阻擋的運動發展過程，把自然界看成是一個在時間上無始無終，空間上無上下左右大小內外的運動發展著的物質世界。說明這時他的唯物主義無神論思想已經形成了。對此，在本書第三章已有論述，但是這時他的唯物主義無神論還沒有形成一個理論化的系統，還是散見在他的社會歷史觀和政治理論的論述之中。另外，這時他仍沒能分清唯物主義同實證主義的界線。因此他的比較系統的，有內在聯繫的，比較詳盡的，真正同實證主義自覺劃清界線的哲學著作還是在後來《續一年有半》中集中反映出來的。

他在1887年寫的〈馬場辰豬君〉一文中說：

> 君去逝了，真是茫然啊！嗚呼！我無論如何再也不能相信上帝存在，有不死的靈魂了，我認為佛教因果報應之類的說法，比不上十九世紀自然科學和哲學的理論，也就是說我無論如何也不能想像天神的聲音和形象，正如普通人所相信的那樣，靈魂如火，肉體如薪，薪盡而火滅啊！ ❿

公開宣布了他的唯物主義無神論立場，也可以說這是他唯物主義無神論哲學形成的標誌。但是這絕不等於說，在這以前他一點唯物主義無神論的思想也沒有。總之，他所從事的西方哲學著作的翻譯和編譯的工作，大大開闊了他的哲學理論的視野，提高了他的哲學理論思維的水平，對於他形成近代風格的唯物論無神論哲學也是有著極為重要的作用的。如前幾章所述，他的哲學不是官方學院式的書齋中的哲學，而是在激烈的政治鬥爭中，在深入的政治理論和社會歷史理論的研究中形成的。他是為了適應政治鬥爭的需要，才深入

❿　《兆民選集》，嘉治隆一編，第144–145頁，岩波文庫本，1936。

研究哲學問題的。在這種革命的、積極向上的政治要求之下，他是站在時代的前列，經過反覆的鬥爭，遭受到許多挫折和失敗之後才認識到了祇有唯物主義無神論哲學才是能對抗官方唯心論、宗教有神論和各種保守反動觀點的最有力的思想武器，才是真正能代表廣大民眾，代表社會進步和歷史發展方向的真理。而這一段時間也正是日本政治鬥爭和各種思想理論鬥爭最為激烈的時期。他能逐步走向唯物主義無神論哲學這一方面是時代和歷史的要求，另一方面也是由於他本人所持的政治立場和政治觀點直接決定的，這決不是因為他晚年患有了絕症之時，心血來潮，突發奇想而產生出來的。這是筆者在此要反覆強調的。

三、關於「日本沒有哲學」的論斷

中江兆民曾在《續一年有半》中提出了一個著名的論斷：「我們日本從古至今一直沒有哲學。」從而引起了日本思想理論界的普遍重視和爭論，這不能不說是對日本哲學研究的一種激勵和特殊的貢獻，筆者不能不談一下對此的看法。對此，一直有兩種不同的理解和看法。

第一種理解認為，哲學是一種關於世界觀系統化理論化的知識體系，是自然知識、社會知識和思維知識的高度抽象化的概括和總結。因此，它應當包括：本體論、方法論、認識論、社會歷史觀和人生世界觀方面的各種職能和廣泛的領域，即凡人類意識形態中所包含的有抽象概括成份和因素的領域都屬於哲學所應當涉及的範圍，也就是從抽象的普遍性意義上，從對人類一切知識的反省意義上來給哲學下定義。然後把這種定義推廣應用於對日本哲學的考察，從而自然得出凡是包含有哲學思想因素或與之相關的思想因素都可

以叫作日本哲學。那麼，從日本古代的神話，到日本佛教、儒學道德哲學，日本的神道等日本的傳統思想都可以叫做日本哲學了。如果從這個意義上來講，並且僅僅從這個意義上來使用哲學這一概念，當然中江兆民的論斷顯然是錯誤的，不能令人接受的。但這也是對中江兆民這一論斷的一種誤解。實際上中江兆民做為日本有高度思想文化素養的知識份子，是不會不知道日本思想文化歷史的這一常識性的情況的。不知道日本做為東亞的一個古老的文明國家，在古代和近代有許多著名的哲學思想的代表人物，以及日本古代和近代的哲學思想著作和典籍的。那麼他為什麼還要硬說：「我們日本從古至今沒有哲學」呢？筆者認為，這是由於他對這個論斷有他自己特殊的理解和含義，他是在第二種意義上來理解哲學這一術語的特殊意義。換言之，他所說的這一個論斷所指的乃是指在一種特殊意義上、具體意義上的哲學學說和哲學體系，是指一種能指導日本未來的唯一正確的、代表真理和能給日本人民帶來長久幸福和和平安寧的哲學。他的著重點是在於強調「我們日本」沒有哲學，從上下文的聯繫，和當時所處的背景來說，他所強調的重點在於我們日本從古到今沒有我們自己民族獨創的，處於世界領先地位的哲學，沒有以近代最先進的科學技術知識為基礎的、有嚴密理論論證和邏輯體系的哲學。換一句話說，他所指的日本哲學應當是在世界哲學領域中處於先進地位的有獨創性、真理性的哲學，實際上指的是近代無神、無佛、無靈魂的唯物主義哲學。另外，我們還應從兆民的社會歷史觀上來理解兆民的這一論斷。因為在兆民看來，在專擅制度下，人們祇不過是被專擅制度長期束縛下的酒囊飯袋，各種事物不過是沒有一點變化和生命氣息的糟底的沉渣，在沒有獨立的人格情況之下，自然也就不會有獨立自主的精神和哲學，祇能有不是高傲

空談的理論，就是宿命屈從的哀鳴，怎麼能有反映世界真相和社會
進步，反映人民爭取自由民權的哲學真理，這樣神聖高雅高品位的
精神產品呢？我們知道，「唯至理是求」、「理必施於事業」是他青
年時代就樹立起來的並且終身奉行的兩個根本信念。在他看來，自
由平等是至理，而這個哲理反映到哲學上，使他最後認識到，就是
要主張「無佛、無神、無靈魂的純粹物質學說」，即唯物主義無神
論學說。他認為祇有這個理論才是真正最終最後的至理，因此祇有
說出這個道理的哲學才能稱得上是真正意義上的哲學學說。也正是
基於這一個基本立足點，他才認為古今內外，雖然有許多所謂的哲
學學說和哲學家，從古希臘的柏拉圖⑪，到近代德國的萊布尼茨⑫，
從德國康德的唯心論到當代的實證主義哲學，以至於宗教佛學、神
道的學說就更不用說了，他們都是從自己的主觀想像和自身的感情
利益出發來虛構關於世界的理論，他們都是為了滿足自己的利益和
虛榮心的需要，來製造謊言。因此，這些所謂的哲學都算不上是什
麼真正的哲學真理，而後人抄搬這些理論，毫無獨創就更談不上是
哲學了。他正是以此為據來進一步例舉所謂從古至今的所謂日本哲
學，看看它們究竟都是一些什麼貨色。舊幕府時代本居宣長⑬、平
田篤胤⑭這些所謂的國學派，主張什麼「大日本精神」，妄圖復活日
本古代神道宗教，做一些雞零狗碎地所謂考古考據工作。而目前的
明治政府正是利用和復活這些原始宗教迷信，宣傳什麼天皇萬世一
系、忠君愛國的理論冒充日本哲學欺騙和愚弄廣大的民眾，大肆鼓

⑪　柏拉圖，Platon，前427—前347。
⑫　萊布尼茨，Gottfred Wilhelm Leibniz，1646–1716。
⑬　本居宣長，日本德川時期國學家，1730–1801。
⑭　平田篤胤，日本德川時期國學家，1776–1843。

吹「天朝神國」、「八弘一宇」的現代宗教迷信來為其專制獨裁統治
服務。中江兆民對此是恨之入骨。他曾說過，我不知道神道是個什
麼東西，我也根本不想知道它是個什麼東西。又說退一萬步說，充
其量也不過是一種考古學或者古典文獻考據學，根本談不上是一種
什麼哲學理論和真理。對舊封建幕府時期占據統治地位的日本儒學、
朱子學和陽明學等這些宋明理學，他明確說過，其中雖然有些合理
的東西，例如莊子、孟子的民主民權，和承認發展、承認進步的東
西以外，但從總體上說是落後於時代，違背自然科學，主張封建專
制和封建迷信的陳腐的空洞的道德說教，談不上是真正意義上的哲
學理論。至於佛教禪學那就更不用說了，基本上是宗教家們編造出
來的騙人勾當，也談不上是什麼哲學。就是當代的嘉藤弘之，井上
哲次郎，這些所謂的被日本官方推崇的學院派的哲學家們，他們也
以日本哲學家而自居，但是細看一下他們所謂理論，也祇不過是把
西方德國的近代唯心主義或者實證主義拿過來，生吞活剝，改頭換
面，搬到日本冒充日本哲學而已，這更被中江兆民所蔑視。他認為
這種照抄照搬，不消化理解，不適合日本國情的西方唯心論和實證
主義也根本不能算是日本哲學。綜上所述，他認為這些理論和學說，
一樣也沒有反映人民爭取自由平等的要求、社會歷史的進步、科學
技術發展進化的潮流，雖然它們都自稱是日本哲學，其實都不能算
是真正的日本哲學。正是在這種具體分析論述的基礎上他才說：「我
們日本從古至今沒有哲學」，那麼他是否認為日本應當永遠沒有自
己的哲學，或者說哲學對一個國家和民族來說是可有可無、無關重
要的呢？不是的，恰恰相反，正是由於上述的情況，他認為日本應
當適應時代發展的潮流，盡快建立起自己具有獨創性的唯物主義無
神論哲學。他主張，日本哲學發展至少應具備以下兩個特點，第一

要有獨創性。他認為一個處於上升時期變革時期的偉大國家和民族，就應當有自己獨創性的哲學理論，要吸收外國和別人的東西，但不能盲目地照抄照搬別人的東西，更不能把別人的東西不加理解消化就拿來冒充自己的東西。他還特意例舉了牛頓和拉瓦錫在自然科學方面的發明創造的事例來說明一種創造性理論的重要意義，他認為祇有獨創性的東西才是有生命力的東西，才能具有統觀全局、預見未來的功效。而當今的日本的統治者們自稱日本是神國，天皇是現人神，但在哲學理論上卻毫無獨創，居然把各種宗教迷信理論和舊封建時代的落後的道德說教，以及西方的各種唯心論、實證論，拿來粉飾一下、湊合一下，冒充日本哲學去欺騙民眾，這不是很可悲可憐嗎？他曾說過：現在的日本當權者都是一些沒有主義，而習慣於玩弄權術陰謀的人物。因此他才說：「沒有哲學的人民，不論做什麼事情都沒有深沉遠大的抱負，不免要流於膚淺。」❺第二，他認為做為真正的日本哲學就應當在使日本變得強盛，人民生活變得幸福的事業中獲得成功，使日本進入強國之林的行列。為此，這種哲學就應當是合乎於人們的常識、日常經驗，能讓群眾了解明白，在理論上要經得起科學實驗和社會實踐的檢驗的學問，在邏輯上要嚴密通順，自圓其說。而他認為祇有唯物主義無神論可知論的哲學才配稱得起是這樣的學問，遺憾的是在日本古往今來恰恰缺少的正是這種東西，所以他才說「我們日本自古到今沒有哲學」。有人說中江兆民這一論斷是站在西方文化中心論和文化虛無主義的立場上來下的論斷，這如果不是故意歪曲兆民的本意，也是一種對這一論斷的正確含義的誤解。很明顯，他的這一論斷是針對日本哲學思想史上，和日本的哲學理論界長期被唯心主義、宗教有神論、儒家道德

---

❺　《一年有半・續一年有半》，第16頁，商務印書館，1978。

理論獨霸，廣大群眾愚昧落後的特定狀況而言的，是在於強調一種
革命性的、有獨創精神的哲學真理的重要作用，而下的一種具體特
殊意義的論斷，他不是學究式的在給什麼是哲學這一概念下一個嚴
密完整定義的意義上而言的。這一論斷對於指明今後日本哲學發展
的方向，啟發人們去獨立創造日本型的唯物主義，哲學無疑是起到
了推動和促進作用，起到了啟發和警示人們的作用。正因為如此，
他本人提出的「中江主義」哲學，正是為創立這種日本型的哲學理
論所做出的一種嘗試。當然由於當時他的寫作條件所限，沒有把做
這種論斷時對哲學這一詞的廣義和狹義的理解加以明確的區別，從
而顯得這一論斷有些片面性，有些過份強調一種哲學理論作用的傾
向，容易引起人們的曲解和爭論，這也是這一論斷不太妥當和有缺
陷的地方。但是祇要我們是認真客觀地分析這一論斷的上下文，和
當時的時代條件及理論背景，是不難發現和理解中江兆民這一論斷
的真正良苦用心的。

第二節　唯物主義無神論哲學思想

中江兆民的唯物主義無神論哲學是有一個內在的邏輯體系的，
其內容是比較豐富和深刻的，我們將分幾個問題來加以分析論述。

一、唯物論思想

兆民的唯物論思想集中表現在他的《續一年有半》中。他的唯
物論思想所批判的矛頭指向兩種理論，第一種是形形色色的唯心主
義，其中包括有西方古代和近代的唯心論哲學，中國和印度以及日
本的各種宗教有神論的唯心主義哲學。第二種是披著科學哲學外衣

的，以折衷調和面目出現的實證論的唯心主義哲學。

他的哲學的出發點同笛卡兒的批判和懷疑精神一致，以哲學本身所固有的批判精神出發，在這種精神指導下，他找到了自己哲學的立足點。他說：「我認為，哲學家的義務，不，哲學家的根本資格，就是在哲學上抱極端冷靜，極端直率，極端不妥協的態度。所以我是堅決主張無佛、無神、無靈魂，即純粹的物質學說。不局限於五尺身軀、人類、十八里的大氣層、太陽系、天體，直接把自身放在時間和空間的中心(如果無始無終、無邊無限之物，也有中心的話)，而不把宗教教義放在眼裏，不理會前人的學說，在這裏提出了獨特的觀點，主張這種理論。」⓰ 從中可以看出，兆民是把在時空上都無限的發展著的整個客觀物質世界，做為他的哲學學說的唯一的和最終的對象和立足點的，他是自覺地、公開地、堅決地站在這種純粹物質說，即唯物主義立場上闡發自己的思想的。他堅決反對像實證主義那樣，把人的認識局限於人的感覺經驗的有限範圍之內，也反對像功利主義那樣把人限定於對自身利益的引誘之下，更反對像以往的宗教神學或者前人的唯心主義學說那樣，從特定的對象如上帝或純粹的理念、精神出發來進行哲學研究。總之，他堅決反對一切從主觀出發的哲學，主張從客觀實際出發，採取科學的實事求是的態度，即「極端冷靜，極端直率，極端不妥協的態度」，以嚴肅認真的態度來從事追求真理、研究哲學的活動。這種態度是他在早期文筆活動中一貫採取的，並且一貫主張、身體力行的態度。他堅決反對崇拜權威，盲目隨從，甚至為了自身利益曲意迎合權勢者，隨聲附和所謂大多數人的意見，那種虛偽的、主觀的研究態度和方法。使他終於認識到了這種「純粹物質的學說」是唯一能發現和說

⓰　同上書，第74頁。

明真理的獨特學說。

其次，他所說的「純粹物質」就是一種哲學上的物質概念。這種物質概念具有哲學上的高度抽象概括性，已同自然科學意義上的「物質」概念的具體性、可感性相區別開來了。這就是說他認為我們人類所處的整個世界不僅是客觀的物質性的世界，而且在時空上是無始無終，無邊無界的。他已經抓住了物質世界在哲學意義上兩種本質特性，其一是它的客觀實在性，「純粹物質」性，它是同我們人類的精神思想、感覺、情緒、意志本質上完全對立的東西，是在人的感覺之外的東西。其二是它的無限運動發展性，它的絕對性、唯一性，除此物質世界以外，沒有第二個世界。他曾明確地說：

> 所謂世界是唯一之物，一般說來它是無所不容的，可以容納有，也可以容納無，可以容納空氣，也可以容納以太（如果有以太存在的話），可以容納太陽系，也可以容納幾千個太陽系的天體，假如這些太陽系以外，還有其他真空界存在的話，那也應說能容納這個真空界。像這樣的事物，照理（照唯物主義之理）是不會有極限存在的，假如經過科學檢驗證明，以為有極限存在，那也是不可相信的，不能說實證主義對於想像是那麼懦怯啊！」❼

這種近代唯物主義的高明之處在於它把物質上升到哲學概念上來理解，具有源於自然科學物質又超越自然科學物質的特點，所以才能不僅揭露打擊了各種宗教唯心論和有神論的錯誤，而且還無情地揭露了實證主義以科學發展的具體條件限制為藉口的宣揚不可知論的

---

❼　同上書，第92頁。

唯心主義的錯誤，這在日本哲學史上是獨樹一幟的，他的這種物質觀，已經達到了法國十八世紀唯物論物質觀的最高峰狄德羅和霍爾巴赫❶的物質觀的水平和高度。他的物質觀除了受十八世紀西方唯物主義的影響以外，大概也受中國古代哲學《莊子》一書中的〈齊物論〉中關於世界無限性思想的啟發吧！不過《莊子》一書，運用人生有限，世界無限的辯證論述，最終歸結為世界的本質是不可知的虛無，人生祇有消極意義。而中江兆民由於他立足於世界的物質性，所以反其道而行，他明確提出了，物質世界的無限性，不僅包含了一切具體事物的「有」，也包含了一般人所謂的「無」，「無」例如時空，實質上也是一種物質性的客觀性的「有」，如果有真空，即所謂純粹的空間，或者以太存在的話，它也將被包含在物質世界中。所得出的結論自然同《莊子》一書根本相反，從而得出整個世界是無限的客觀的包含著物質性的「有」與「無」的世界。這樣一種日本型的近代的物質觀，這正是兆民唯物主義帶有東方特色具有獨創性的地方，也是許多論者沒有充份了解的地方。

在具體回答這個物質世界的構成問題時，他提出了唯物主義的元素說。他認為，物質世界中充滿了各種各樣的物體，而所有這些物體都是由物質性的元素構成的。元素是不生不滅的，所以物質也是不生不滅的。他的根據是近代自然科學中物理學和化學所講的物質不滅定律。因此它的唯物主義屬以自然科學知識為基礎的近代唯物論，已經脫離了古代中世紀的自發樸素的唯物論，屬近代唯物論的範疇。他說：

　　所謂元素的數目，雖說目前有 60 多種，但隨著科學的進步，

---

❶　霍爾巴赫，Pan Heinrich Dietrichd Holbach，1723-1789。

也許會增加到70-80種，或者減少到50種、30種。總而言之，若干元素按照某種比例，互相化合的時候就形成了甲形態，互相分解的時候就形成了乙形態，萬物就這樣變化，進化下去。所以現在的太陽和地球到億萬年以後，也許突然有分解的一天，可是它們雖說是分解了，但絲毫也不會消滅，必定又將在什麼地方形成某種物體，所以說，凡是物質都是不能消滅的。 ❶⑨

物質元素說可以說是他的唯物主義關於物質構成的一個自然科學的基礎，但筆者絕不同意日本和中國大多數學者所主張的，認為中江兆民的唯物主義就是元素說，或僅僅建立在元素說基礎上，中江兆民的論敵也是這樣曲解他的唯物主義的。如果上述說法成立那麼早在他1881年早期的文筆活動中就已經提出了元素說的觀點，在那時就可以說他是唯物主義者了。另外，僅從自然科學意義上的元素說是不能同實證主義哲學劃清界線的，因為實證主義在原則上並不反對元素說，但實證主義確實又主張唯心主義和不可知論。這就是他的物質元素說本質上是一種超越經驗之上的具有哲學概括性的唯物主義學說，他本人也多次特別強調這一點。他說：

> 假使說現在在這個社會上的事情，祇有眼睛看見，耳朵聽見，經過科學檢查和證明以後才是確實的，其餘都是不確實的，那就必然會抹煞一大半公理，那就必然會把自己關閉在極端偏頗狹隘，極端頑固淺陋的境地。 ❷⓪

---

❶⑨　同上書，第93頁。

❷⓪　同上書，第92頁。

　　例如所謂世界是無限的這件事，即使沒有經過科學的檢驗和
　證明，也一定是可能存在的，如果說世界是有限的，那就不
　能不說是非常奇怪和非常詭秘的。❷

他正是以這種哲學的抽象概括能力為依據，正確地、極有遠見地指
出：

　　如果就世界被森然羅列的元素所充塞這一點說，能夠認為這
　些元素的原子數目不是無限的嗎？恐怕祇有認為是無限的，
　才是當然的呢。

他又說：

　　雖說不能知道世界在形成現在的狀態以前是什麼狀態；但無
　論如何，無疑是表現為某種狀態，世界終究是不能創造的，
　而自然是本來無始的。❷❷

他正是以堅持唯物主義物質概念的客觀實在性和無限發展性這兩種
根本特性來批判和揭露實證論宣傳的不可知論的唯心主義謬論。很
明顯，兆民在這裏並不局限於古代原子論或者18世紀機械唯物論者
所主張的原子在數量上的局限性、質量性、不可入的剛性等具體的
性質，相反，兆民所強調的是元素在數量上是無限的，在種類上是
可變化、發展進化的，並且可以通過化合、分解等由一種質的元素

---

❷　同上書，第92頁。
❷❷　同上書，第93頁。

轉變為另一種質的元素，來說明世界上的一切事物都是由物質構成的，這一根本的唯物主義道理。這種哲學的抽象與概括是超越人們具體的感覺和科學發展的具體局限條件的。所以兆民才講各種質的元素之間的轉化過程相當複雜，至今自然科學也沒能完全搞清楚，因此在這裏他才特意用「醇化」、「摩蕩」這些形容複雜事物變化過程的詞來說明元素之間的轉化，他並不認為元素的轉化祇有物理、化學的形式，他明確指出在生物中，人的大腦神經活動中有著極為複雜的轉化形式，至今人類還沒有搞清楚，當然兆民同樣也不可能說清楚。這是自然科學家們今後的研究任務，但是不能以此為藉口就否定世界的物質性和可知性。他的物質元素論的思想中心是強調整個無限的世界是由不生不滅，可以互相轉化，數目無限種類不斷變化的，具有客觀性和實在性的物質元素所構成的。這種理論的突出特點在於他對實證論的不可知論和唯心論的批判。而這是法國十八世紀機械唯物論難以達到的。

　　他的唯物主義思想還突出地表現在他提出無始無終、無邊無限的獨特的時空觀。他的時空觀是他的物質觀的一個重要內容，也是他的物質觀進一步的展開。他不僅認為時空是客觀的，而且認為時空是無限的，並且他明確指出無限的時空同無限的世界是同一個東西，世界上的萬事萬物都不能同時空脫離而獨立存在。他說：「時間就意味著世界的久暫。」「空間就意味著世界的大小。」「如果有萬物存在，就肯定充塞在一定位置。既然把這些位置的總和稱做空間，那就正是空間和世界成為一體。」㉓他的時空觀基本上來源於牛頓的時空觀，在論述內容上也同十八世紀唯物論的時空觀大體上相同。但是，他特別強調時空的無限性，講時間是古往今來，無始無終；

　㉓　同上書，第98–99頁。

空間上下左右，至大無外，至小無内，無邊無際。這種論述又受中國古代東方辯證法老莊思想的影響。他在某種程度上似乎對牛頓形而上學的時空觀有所超越，似乎猜測到了時空是物質運動的存在形式。同現代科學愛因斯坦❷的時空觀點有許多相似之處，都是把時空做為物質運動不可分割的形式。兆民是在無限與有限的對立統一中，來論述世界在時空上的客觀性和無限性的，其論證的方法也同他在論證物質概念的客觀性與無限性大致相同。他正是以強調時空的客觀物質性和無限發展性這兩點，來公開批判當時在日本占權威地位的康德的先驗時空觀的。康德認為時間和空間都是人類認識事物的先驗的認識形式，這顯然是唯心主義的時空觀。也批判了實證論的不可知論的時空觀，實證論認為像時間和空間這樣抽象的深奧的同無限性相關的問題是人類的認識所不能解決、不能認清的問題，採取了不可知論的唯心主義態度。兆民認為既然世界在時間上是無始無終的，空間上是無邊無限的，是不以我們意志為轉移的客觀事實，那也就不存在世界在什麼時間和場所由誰創造出來的問題。因為在這個無邊無界、無始無終的世界中充塞了物質，物質本身是不生不滅永恆存在的，而世界中的萬物是自生自滅的。這樣像天神、靈魂、上帝之類的東西也就沒有理由、沒有必要獨立存在於這個世界之中，更談不上對世界和人類社會及個人命運會有什麼影響作用了。就這樣他用唯物主義的時空觀為自己的無神論奠定了堅實的理論基礎。

　　總之，兆民的唯物主義思想理論，就其內容而言，基本上屬於十八世紀法國大革命時期的唯物論的範疇，但在自然科學的基礎上又吸收了十九世紀新的自然科學技術的成果，在論證方法上、論述

❷　愛因斯坦，Albert Einstein，1879–1955。

風格上則明顯受中國古代哲學思想，特別是老莊辯證法思想的影響，尤其在論述物質觀和時空觀方面更為明顯。再加上他本人能自覺地從哲學理論思維的高度來闡述問題，從而使他的唯物論觀點又明顯的高於十八世紀唯物論的水平，特別對其機械性、形而上學性質有某種克服和超越。也正因為如此，他的唯物論才能有力地批判和揭露出實證主義的唯心論和不可知論的錯誤實質。從而沉重地打擊了當時日本權勢顯赫的統治者及其御用學者們，引起了他們極大的恐慌和仇視，視之為洪水猛獸，甚至達到了群起而攻之的程度。這又從反面向世人說明了他的這種唯物主義的真理性和戰鬥性。

二、感覺經驗論的認識論

中江兆民的認識論基本屬於唯物主義的感覺經驗論。他堅決主張唯物主義的感覺論，並且主張唯物主義的可知論，堅決反對「天賦觀念論」，反對形形色色的不可知論和懷疑論。在認識論中反對實證主義的不可知論是他的認識論的重要特徵。

他說：

> 凡屬可以叫做生而知之的觀念，照理是根本不存在的。 [25]

又說：

> 人誕生以後，天天看見、聽見、嗅到、品味到或者接觸到的各種各樣的事物，自然而然地產生了各種物體的觀念，並深深地印入了人的記憶之中。在人誕生的時候，也就是還沒有

---

[25] 同上書，第99頁。

接觸到外物的時候，照理是不可能產生任何觀念的。

凡屬於我們五官所能接觸到的各種事物，例如草木、禽獸，反映到記憶中形成觀念。本來是非經過五官不可，這是毫無疑義的。

如果沒有眼睛，靠什麼得到色彩的印象，如果沒有耳朵，靠什麼得到音韻的印象，香和臭的印象，有味和沒味的印象，以及皮膚所感覺的堅硬和脆軟，冷和熱等等的印象，都是從這些窗戶進來的。❷❻

由此可見，他認為人的認識來源於客觀物質世界，人的認識和觀念的形成必須經過人的感覺這個窗口和門戶才行，思想觀念是外界的客觀事物通過感覺這個窗口反映到人的頭腦中形成的，所謂生而知之的說法是根本不存在的。他不僅認為人們對實物的認識要經過感覺反映到、模寫到人的頭腦中，就是抽象的觀念也是外物經過感覺反映到人頭腦中來的，祇不過其過程由於時空條件的變化，加上記憶、分析、抽象的過程顯得更為複雜而已。所以人們不容易一下子弄清它的來龍去脈，誤以為是生來固有的而已。因此他說：

正確和不正確，正義和不正義，美和不美等所謂的抽象觀念，實際上自然是經過五官而產生的，所謂和五官沒有關係的說法，都是極端膚淺的遁辭。❷❼
即使是做為純粹抽象的觀念，他的起源也像這裏所說的毫無疑問的是經過五官而來的。❷❽

---

❷❻　同上書，第99–105頁。
❷❼　同上書，第103頁。

對於上述的認識論中的唯物主義的感覺論觀點，有些學者概括為中江兆民的「感覺窗口論」和「唯物主義模寫論」，也就是說在這裏他達到了近代自覺的唯物主義反映論和感覺經驗論的水平，對其早期的「天賦人權」、「天然的自由」等帶有唯心主義雜質的觀點做了一種哲學上的清算。

他的認識論的另一個突出特點就是他極力主張可知論的觀點，反對古今內外的形形色色的不可知論的哲學詭辯。他特別揭露出實證主義是一種虛偽的，怯懦的不可知論的唯心主義。他說：

> 「其中，走到最極端的是皮浪❷主義派。所有哲學家（指唯心主義不可知論者）大多是天資卓越、愛好奇巧的，所以往往不屑走前人的老路，而絞盡腦汁，試圖標新立異。結果連眼前最簡單的事物，也看做是非常奇怪的，說出所謂謬巧錯雜的話，自己也在不知不覺的情況下，陷入了邪路而不能自拔。我們要努力排除這種流弊，所以即使對於古人眾說紛紜的問題，也祇力求發揮當前明白的道理，而絕不標新立異。❸

他又說：唯物主義的普遍原理

> 既不是局限於我們人類社會的道理，也不是局限於十八里的大氣層的道理，而是直接普遍適用於整個世界的道理。不能

---

❷ 同上書，第104頁。
❷ 皮浪，Pyrrhon，前365─前275。
❸ 同上書，第100–101頁。

夠不說實証主義的推理是多麼懦怯啊。 **㉛**

由此可見，他認為唯物主義的哲學就是對這一可知世界的正確認識，是真理，但是實證主義卻說無限的東西不能認識，普遍性的東西不能認識，目前科學技術發展尚沒完全證實的東西不能認識，並以此為理由主張唯心主義的不可知論。而兆民則是用唯物主義的反映論，用認識的能力可以無限發展和前進的可知論的觀點來批駁不可知論的錯誤和怯懦，這也是他的哲學高於十八世紀唯物論並且具有自己獨特性和革命性的地方之一。

他雖然基本上是一個感覺經驗論者，但他絕不忽略和輕視理性的作用。他明確地指出：

> 煤炭原來不過是一小塊聚合，可是由此發生的火焰，也要把天空烤焦。木材原來不過是山林樹木的一個片段，可是由此產生的火焰也許會把一座城市燒毀。精神在身體中所發揮的作用也是這樣的。看看那推理的能力吧，不是從一個道理推到另一個道理，一層一層地積累而上，也就是說透過十八里的大氣層，遠遠馳騁於太陽系的天體以外嗎？看看那種想像的能力吧！它的活動，更是自由自在的。……看看記憶能力吧，從三、四歲的幼兒時所見所聞，不是一件一件地儲蓄無遺，能夠在需要的時候回憶起來嗎？……其他如感情、決斷都是屬於精神的發揮這一類。……精神，即身軀的作用，是從身軀發生的，同時又不局限於作為本體的身軀之中，具有透過十八里的大氣層，透過太陽系的天體，直接領略整個世

㉛ 同上書，第93頁。

　　界的能力。也即我們正是由於精神上具有這種超脫和飛躍的
　　能力，才能排斥宗教家卑俗和淺陋的見解，試圖掌握世界的
　　根本道理。❷

由此可見，他主張人的精神不僅可以通過感覺去直接認識事物的各
種現象，把握實際事物，而且可以通過理性，通過深入到大腦中的
概念，推理來認識和理解各種事物本質和普遍的抽象道理。他認為
人的精神、理性具有一種能通過感覺，也必須通過感覺，但是又不
局限於感覺，即超脫於感覺之外，飛躍於感覺之上的一種特殊地把
握事物本質和普遍的抽象道理的能力。正是因為人具有了這種特有
的精神理解的能力，才能真正認識和把握客觀世界的本質，才能發
現真理，堅持真理，才能去批判倒宗教唯心論、不可知論和實證論
的各種謬論。他的這種人的精神和理性具有來源於感覺並超脫，飛
躍、高於感覺的觀點，即來源於十八世紀法國唯物主義和啟蒙哲學
一貫倡導的，以理性批判蒙昧的理性之光的批判精神，又來源於東
方哲學老莊思想和儒家思想中強調「理義高於情欲」的思想精神，
是一種東西合璧式的思想精神。總之，他在認識論上強調人的理性
的重要作用，強調人的主觀精神、主觀能動性的重要作用，是他高
於十八世紀機械直觀消極式的反映認識的地方，也是他能區別與批
判實證論的重要之處。但是對於理性為什麼會有這種超脫於感覺和
高於感性的特性，感性和理性的真實而複雜的具體關係究竟如何，
個體和人類的具體認識過程究竟如何發展演化的，這些問題，他都
沒有來得及詳盡論述。祇提出了「萬物都是客觀和主觀互相反映，
像兩面潔淨無塵的鏡子一樣」❸這種含混不清的說法。雖說，這種

---

❷　同上書，第96–97頁。

「主客相映」的觀點，包含著像劉及辰先生所說的某種辯證法的因素，但這種辯證法畢竟仍屬於印度古代自發的辯證法因素，缺乏科學的論證和詳盡的說明，顯得很曖昧，容易被唯心主義利用和被後人誤解，這是兆民認識論的明顯缺陷。另外，由於兆民不懂近代科學的辯證法，更不了解社會實踐在人類認識中的重要地位與作用，因此，也就不可能真正正確地、科學地解決認識的辯證過程，解決感性認識和理性認識的辯證關係，從而對於理性認識、人的精神能動性在認識論中的真正重要地位和作用並沒有真正科學地給予說明，這確實也是他的認識論的一個重要缺陷。當然也是所有的十八世紀近代唯物論的共同缺陷。

三、 形神關係和無神論思想

兆民的哲學思想的一個突出特點就在於他所主張的戰鬥的無神論思想。這種無神論思想除了在他所論述到的唯物主義思想中有明顯的體現以外，最精彩的論述其過於他通過對形神關係的論證中，所直接表現出來的戰鬥的無神論思想了。這種無神論除了直接吸收歐洲哲學史中的無神論的思想資料以外，還大量吸收了中國古代唯物主義無神論的思想，甚至可以說，凡是中國古代著名唯物主義無神論者所提出的反對宗教唯心論有神論的論點和論據，幾乎沒有一個不被他所採用和吸收，就連以形神關係做為批判宗教神學的突破口，這一問題的提法本身也都是從中國古代哲學論戰中所吸取來的。例如，他用唯物主義解釋了著名的「薪火之喻」，即所謂：「身體如薪，靈魂如火，薪盡而火滅」的道理來論證無神論的合理性和宗教神學的荒謬性。又例如，他批駁人死後會變為鬼魂的說法時指出，

---

❸ 同上書，第101頁

過了幾千萬年以後的世界不就成了鬼魂多於活人的鬼魂世界了嗎？
顯然人死後變鬼魂的說法十分可笑和荒謬。他又說靈魂和鬼神如果
真存在的話，它們居住在人身體的哪個部份和位置呢？人死後它又
居住在什麼地方，究竟誰親眼看見過這些靈魂和鬼神呢？等等，這
些尖銳而深刻、通俗易懂的反駁和論證都是中國古代和日本古代哲
學思想史中唯物主義和無神論者的思想言論中可以找到，不乏其例
的論述。另外，他還大量地吸收了最新的自然科學知識，做為批判
宗教有神論和堅持無神論的根據。當然他也吸收了西方哲學史中大
量反宗教神學的唯物主義無神論的思想觀點來論證肉體和精神關
係。

他說：

> 身體是本體，精神是身軀的活動，即身軀的作用。身軀要死
> 亡了，靈魂就要同時消滅。❸❹

他又說：

> 所謂精神，不是本體，而是從本體發出的作用，是活動。本
> 體是五尺的身軀。這五尺身軀的活動，就是精神這種神妙的
> 作用。例如，像炭和焰，薪和火的關係一樣，漆園吏莊周已
> 經看穿了這個道理。就那十三種或十五種元素暫時結合的身
> 軀的作用即構成精神來說，就身軀還原即分解，也即身體死
> 亡來說，這身體所起的作用即精神，按理也就不得不同時消
> 失。恰像如果炭成灰，薪燒盡，那麼焰和火就同時熄滅一樣。

❸❹ 同上書，第75頁。

所謂身軀已經分解，而精神還存在，這是極端違背道理的話。假設具有健全的頭腦，不受宗教的毒害，不考慮自己死後的情況，按理就無法理解這種說法。……十七世紀以前的歐洲，如果主張無神無靈魂的學說，就要被處以水，火的酷刑，所以那也許是實屬迫不得已，而在言論自由的原則支配下的今天，還發出這種夢囈，這成什麼話呢！❸❺

他還十分有風趣地諷刺說：

釋迦牟尼和耶穌的靈魂早已消失；而道路上的馬糞，卻和世界一起永遠存在。❸❻

為了進一步論證精神、思想活動的物質基礎，即生理基礎，從唯物主義的立場上來說明人的精神是物質的，即人的大腦神經的活動或者屬性，他還試圖利用自然科學發展的最新成果，站在科學假說的角度，來說明人腦同精神活動的關係。他曾設想說人的精神作用和活動

也許是由於灰白色的腦細胞的作用，它的每一次活動都有極端微小的分子在飛散吧。❸❼

在日本國內，或者在中國有許多學者都以上述這段話為根據，說這

---

❸❺　同上書，第75頁。
❸❻　同上書，第79頁。
❸❼　同上書，第76頁。

是中江兆民的庸俗唯物論的表現。筆者不敢苟同這種觀點。請看看他的上下文的整個文字究竟是怎麼說呢? 他說:

> 凡屬就科學尚未解決的問題提出一種假說, 當然要極力選擇近其情理的, 也就是我們先假定精神本是身軀中腦神經在氤氳摩蕩時所產生的, 就像視覺、聽覺、嗅覺、味覺以及記憶、思考、決斷等活動, 每一次活動都能夠看見極微小的分子宛如瀑布向四面濺出水花一樣吧! 這大約不一定是背理, 使人的良心感到憤怒吧! 反之那種認為既無分子, 又無形質而純粹虛無的精神成為全身的主宰, 產生各種各樣的活動的說法, 難道不是完全違背道理的嗎。[38]

很明顯在這裏兆民僅僅是站在唯物主義者的立場上, 對人腦的精神活動內部的真實情況做出一個大膽的自然科學的預言和假設。對此, 我們姑且不提。就算是兆民在這裏的本意是主張人的精神思想活動一定會在人腦中發生相對應、相伴隨的物質活動, 而人的精神作用或活動一定要有生理的物質性的活動為基礎, 也不能說這就是庸俗唯物主義。很明顯, 他並沒有把精神等同於物質、等同於人腦, 說人的精神本身就是人腦中的小分子, 這是至今相當多數的論者所持的一種觀點。其實這是對兆民這段論述的明顯誤解, 或者有意的歪曲。兆民的觀點, 或者本意在這裏是再清楚也不過了。他是主張凡是精神、思想活動, 不論是感性的, 還是理性的, 不論是認知的, 還是感情決斷的, 都必然有其生理的, 或者物理化學的大腦神經系統的物質基礎。作為精神這種物質的活動或作用, 不論在普通的人

---

[38] 同上書, 第76–77頁。

們看起來多麼複雜，多麼神秘，多麼巧妙，以至於直到今天的科學仍然沒有把它的奧秘揭曉，但隨著科學的進一步發展，最後總有一天它將會被人們認識、發現和知曉。因為既然人們對原來尚未能認識的，不能直接觀察的像熱、電、聲、光這些複雜的物質運動的現象也都逐步被認識，被觀察到了。那麼隨著科學技術，特別是大腦科學技術的逐步發展，將來也總有一天人們對於自己的精神活動現象，精神作用的物質基礎也能認識和觀察得到它，如果現在就讓我中江兆民做一個大膽的猜想或合乎情理的科學假設的話，那我則一定要認為人的精神作用或物質基礎，就類似大腦神經中有一種非常精微細小的分子在飛散著，是非常複雜的物質運動現象一樣，肯定是一種物質的運動的作用屬性或現象。相反，如果不這樣設想，而把人的精神作用或活動設想為「既無分子，又無形質」，而祇是一種純粹虛無的空虛作用或者神秘活動，那樣一種觀點則既是違背科學常識，違背唯物主義原則，也是違背人們良心的事情。

所以說，兆民上述的那段話是站在自然科學和唯物主義立場上對唯心主義的有力批判，對人的精神作用和他的生理基礎之間關係的哲學說明，也是對未來自然科學發展方向的一種預言和指導。時至今日，現代的自然科學的進一步發展也證明了他的預言方向是完全正確的。像「分子生物學」、「高級神經學」、「現代心理學」等現代科學都雄辯地證明了，人的精神作用和活動都有著相對應的生理生化的複雜的物質基礎的。由此可見，他試圖用自然科學的發展和唯物主義無神論原則立場來說明人的精神同大腦神經的關係，揭露唯心主義最後一個藏身之地的奧秘，這本是他的唯物主義無神論可貴和有獨創性的地方，怎麼能說成是庸俗唯物主義呢？所謂庸俗唯物主義是通過把精神、思想也說成是物質，把人腦同其思想的關係

說成是膽臟同膽汁，腸胃同胃液的關係，從而取消唯物主義與唯心主義的根本區別和對立，達到反對唯物主義宣揚唯心主義的目的的一種反動哲學，是近代唯心論者反對唯物主義無神論者的一種非常拙劣的方式方法。而兆民明確主張，物質是本體，身軀是本體；而精神是人身軀和大腦的一種作用、屬性和活動。「小分子」本身並不是精神，他猜測精神也許是腦神經中各種小分子的複雜活動或者作用，他並沒有把二者等同和混淆，把二者等同和混淆了的是那些曲解或誤解中江兆民論述的人們，因此不能說這就是庸俗唯物主義。相反，他是正確說明了人腦同精神活動的關係，進一步深入論證了形神關係，更為有力的批判了宗教唯心論，堅持和宣傳了唯物論和無神論，逼得他的論敵除了向他身上潑髒水以外，也實在沒有什麼別的辦法來對付他了。

四、關於他的哲學體系

中江兆民確實創立了一個有自身內在邏輯聯繫的近代唯物主義學說、他的唯物論、感覺經驗論、無神論思想不僅比較豐富、深刻，而且有自己的獨自特色。但是客觀地講，同當時日本其他著名哲學思想家們相比較而言，還談不上是建立了一個完整詳盡、論證嚴密的哲學體系。還是他自己說得好：

> 我現在不是系統地編寫一部哲學書籍，系統地編著一部哲學
> 著作，這是著者現在的境遇所不能容許的。所以，從第一章
> 起，就很雜亂。❸

---

❸　同上書，第113頁。

這話說得倒很中肯。顯然，創立一個獨立完整有嚴密體系的唯物主義哲學學說，這是他長期以來的願望，由於前述的種種原因這個願望沒能實現，所以才出現了目前這本著作。因此這本著作祇能看成是他對未來日本唯物主義哲學體系的建立和發展所做的一個初步設想，是一個提綱式或綱要式的著作。雖然，在這本書中他從物質觀、元素論、時空觀、認識論、無神論等方面論述和確立了唯物主義無神論哲學的一些最為重要的基本原理、原則，有許多地方論述得十分精彩、細緻，很有情感和特色，是一本百讀不厭、回味無窮的哲學著作，從而確立了日本近代唯物主義無神論的立足點和基本立場，這是十分寶貴、意義深遠的。但是做為一個近代完整詳盡的唯物論哲學體系所必須包含和應當論證的許多重要原理還沒有充份涉及到，就是已經涉及到的那些基本原理，有些地方展開論證得也不夠充份、不夠詳盡，有些地方論述的尚不夠嚴密。其中尤其在認識論中對於感性和理性的關係、主觀和客觀的關係的論述有待進一步展開說明。從總體上看甚至還不能同十七、十八世紀法國成體系的唯物論著作相比。另外，在論證的方法上，著述的文字風格上還明顯留有中國古代著述的文風，有些地方顯得不夠科學嚴謹。具體來說，關於物質和運動的關係，運動的各種形式，物質運動的多樣性和統一性，物質運動的規律性，因果性，本質與現象等。物質運動的方法論、邏輯學等問題幾乎都沒有深入涉及到。在認識論方面整個顯得單薄，而且有許多論述顯得曖昧、混亂和不成熟，在形神關係和無神論的論述中也有類似缺點和不足。雖然說他還沒有能夠完成一個完整的哲學體系，但是他在自己的這本哲學著作中確立了他的唯物主義無神論的立場，正確地回答了當時哲學界提出的各種主要的哲學問題，批判揭露了形形色色的宗教神學和唯心主義，特別是批

判了打著科學哲學幌子的，極為虛偽狡猾的實證主義哲學，在日本建立了第一個近代唯物主義無神論哲學體系的骨架和輪廓，並且在其中閃爍出許多可貴的思想火花，在日本哲學史上寫下了光輝的一頁，可稱為明治時期唯物主義無神論哲學的一個頂峰。我們正是在這個意義上把它叫做「中江主義」。

第三節　兆民的倫理學和美學思想

一、倫理學思想

兆民的倫理學思想是他的哲學思想的一個重要內容，它集中體現在《續一年有半》的第二章第十六、十七兩節中，但也散見於他的許多文章和論著之中。

他認為，所謂道德倫理問題對於個人來說就是人的行動的理由，或者人的自省能力的問題，他也曾稱之為人的「自知能力」或者「反省能力」。對此，他說：

> 所謂自省的能力，是指自己反省自己現在在做什麼，在說什麼，在想什麼的能力。有沒有這種自省能力，這正是可檢驗人的精神是否健全的證據。……我們正因為具有這種自省的能力，所以自己知道自己所做的事正當不正當。所以假使做得正當，就自己誇耀，內心感到愉快，假使做得不正當，就自己悔恨。❹

---

❹　同上書，第110頁。

他又說：

> 所以道德是以正當不正當的觀念和這種自知的能力為基礎而
> 建立起來的……正當不正當的判斷能夠成為公正的輿論，因
> 此而樹立道德的根本。❹

　　由此可見，兆民認為人們行動的理由，即人們想要去做什麼，
說什麼，並不是人們可以自由任意決定的，而是由行為之外的各種
客觀條件、客觀因素，由於人們經過學習修養而形成的道德觀念所
決定的。也就是說道德倫理具有客觀性。

　　他舉例來說，假如這裏有一杯酒，還有一碟小豆年糕，如果按
人們的自由意志來選擇的話，那麼有錢的富人就會因喝酒快樂而不
顧一切去拿酒喝，相反窮人沒有錢，祇想去拿年糕來解決肚子餓的
問題。可是在現實的社會生活中，人們經常見到的是，富人出於道
德上的考慮，或怕被恥笑為沒有教養，或出於對其他人的尊重，他
可能克制自己想喝酒的欲望，而去拿了年糕吃。由此可見，人們的
行為是受周圍環境的影響，或由人們道德修養的觀念所決定的。並
不是自己想做什麼就做什麼，想說什麼就說什麼，由人們的意志自
由所決定的。如果人們的行為果真是由意志自由所決定的話，那麼
人和野獸動物還有什麼區別呢？人如果沒有了自我反省的道德榮辱
感，不就同瘋子或傻瓜一樣了嗎？正因為我們每個人內心中都有正
當與不正當的道德感，有良心和正義感，能不斷反省自己的行為，
通過學習不斷加強自我修養，才會有今天這樣的社會文明與進步。
同時在社會生活中才會有道德品質高尚的人們和道德品質低下的壞

---

❹　同上書，第111頁。

人和罪犯的區別。所以他才說：

> 假使以為行為的理由，即目的物方面絲毫沒有其他力量的影
> 響，而由純粹的意志自由去控制的話，那麼平時的修養，周
> 圍的環境，時代的風氣，以及所有一切能夠移風易俗、影響
> 身體的事物，都將失掉了作用；而這在歷史事實上是被否定
> 了的。❷

兆民這種「輕視意志自由，重視行動的理由，並重視平時修養」
的道德倫理思想，是同他的唯物主義無神論直接相聯繫的。因為

> 自古以來的宗教家及被宗教家所迷惑的哲學家都把意志自由
> 當做完全的事物……實際所謂意志自由是極端薄弱的。❸

他指出，這些宗教家或者唯心主義的哲學家們，不是依靠現實社會
中人們道德正義的力量去改變社會和自己的命運，而是借用根本不
存在的鬼神世界中的「來世審判」去恫嚇欺騙人，使人們喪失了正
常的自我反省和道德判斷的能力，甚至達到了連好人和壞人都分不
清楚的地步，這不是世界上最可悲可憐的事情嗎？在西方哲學中凡
主張有神論和靈魂不死的論者，無不以自由意志作為自己的理論依
據。自由意志論是唯心主義倫理學的重要特徵，而兆民的倫理學思
想是以反對唯心主義的自由意志論為基礎的。

　　另外，他的倫理思想的理論來源是綜合取自東西方倫理思想之

---

❷　同上書，第110頁。

❸　同上書，第108頁

長，而更多的是吸收中國儒家的倫理思想。他是把西方倫理學中主張人道主義的性善說，同儒家倫理思想中重視理義道德作用的學說加以結合，根據時代特點，賦予了新的內容，而形成的新式的帶有中國儒學特點的民主主義的近代倫理學思想。

　　早在他任東京外國語學校校長時期，他就曾說過：「維持國民道德最適當的手段是孔孟之道」。並因此而同福澤諭吉派的教育主管者發生了衝突，不得不辭職。他不同意在道德倫理問題上福澤等人推行的功利主義、快樂主義、智育第一，而忽視學生道德品德培養的倫理觀。兆民指出，在西方倫理學思想中從來就有關於物質利益和道德理義誰重誰輕的不同主張。像亞里士多德、洛克、邊沁等人屬重利益派，主張功利主義，而柏拉圖、盧梭等人是重理義輕功利派，主張人道主義和人性善的觀點。兆民非常讚賞盧梭的「良心正義說」，在倫理學問題上兆民是站在盧梭的立場上，對中國儒家的倫理思想加以吸收，以反對福澤等人的功利說。他用強調道德來抵制當時祇強調智育、功利，貌似進步實則保守的上層民權派的理論。相反兆民這種強調德育的思想被許多論者誤解成保守主義、封建主義。其實，兆民的倫理觀決不是維護封建專制的、宣揚等級制度的那種保守迷信、教條、僵化的封建倫理觀，對這種儒學中陳腐的東西，兆民歷來持批判否定的態度。他的倫理觀是以讚揚商品平等競爭精神為核心，維繫社會文明進步為主要內容的全新式的民主主義的倫理觀。在形式上帶有理想主義、理性主義道德至上色彩的倫理觀。對於這種貌似陳舊而實質上是全新的倫理觀，遭到日本短視的追求時髦和功利的當權者們的極力反對和誤解，那也是不可避免的事情。

　　為了批判那些趨時髦、追功利的人們，闡明自己倫理觀的主要

內容，兆民曾這樣寫道：

> 假使想從根本上治好恐外病，那末最好的辦法就是發展教育
> 和文化，闡明物質的美和道德的善這兩者的區別。不論科學
> 技術是怎樣的高深，權力和氣勢是怎樣的強大，名譽和聲望
> 是怎樣的崇高，假使作兒子的虐待父親，作丈夫的壓迫妻室，
> 欺騙朋友；並且做了各種各樣的壞事；那末，結果怎麼樣呢？
> 不論我們國家是怎樣的強盛，鄰國是怎樣的軟弱，假使我們
> 無緣無故派兵到鄰國去，那末結果怎麼樣呢？外表的事物，
> 終歸是不能戰勝理義的；因為有主要和次要的區別的緣故。
> 現在的時髦派聽見這句話，一定要說這是陳詞濫調，不值一
> 聽。可是凡屬理義的話，都是陳腐的。把它說出來的時候，
> 雖說是陳腐的，而把它做出來的時候，卻是新奇的。❹

他又提出了以物質的美促進道德的善的思想。這就以超前的眼光要
求人們區別物質文明和精神文明，反對以物質文明為藉口來代替精
神文明，以智育代替德育，提高國家和日本民族的精神品位。這些
倫理學的思想都是極為可貴的，有現實意義的。

　　在具體的倫理觀點上，他主張，在國與國的關係上，首先要愛
自己的國家和民族。既要防止在封建鎖國時的盲目排外病，又要防
止在現實中的「恐外病」和「崇洋媚外病」，主張國與國之間和平
友好相處，尤其是不能侵略和欺侮弱小落後的國家。在國際上應講
求信義。在人與人的相互關係上要講求儒家的優良合理的道德規範。
孝敬父母老人，慈愛子女親友，夫妻相敬如賓，對朋友忠誠講信義，

---

❹　同上書，第59頁。

鄰里鄉親互敬互愛，男女平等，個人行為舉止文明禮貌等等。他自己還身體力行這些道德規範，兆民晚年的家庭生活可稱是日本模範的家庭。另外，他還主張廢除藝妓，逐步廢除醜惡的娼妓制度等。

在倫理的思想和道德政治的最高理想方面，兆民的主張帶有強烈的理想主義色彩。他認為在未來的理想社會之中，人類將消除一切戰爭，建成一個統一的世界政府，到那時也許會廢除土地私有制和繼承權，實現貨幣統一，實現大同社會。那時有志的青年應當準備

> 用哲學打倒政治，用道德壓制法律，用良心的獎賞掃除庸俗的官爵和勳章。❹

這也許是兆民倫理學說所追求的最高境界，時至今日對於日本社會來說不能沒有深遠意義吧！

二、美學思想

中江兆民的美學思想尚未能引起人們的廣泛注意，也沒有形成完整系統的理論，祇是散見於他的文章著述之中。他在美學上的一個主要貢獻是1883年他接受文部省的邀請，翻譯了著名政論家、藝術評論家維隆的美學著作，取名《維氏美學》。這個工作是繼明六社的啟蒙學者西周引進介紹美學之後，又一具有啟蒙開拓性質的工作。在日本最早引入西方美學的人是西周，他在《百學連環》中首次把"Esthetique"一詞譯為「美妙學」。引進美學、教育學等是當時日本明治政府推行的「文明開化」政策，全面向西方列強學習的龐

---

❹ 同上書，第64頁。

大計劃中的一項內容。這種學問當時祇是西周等人在給天皇進講時
介紹給日本王公貴族們的一門十分高深的學問。不用說在廣大民眾
之中，就是在當時的許多藝術家，戲劇、繪畫、文藝等傳統的藝人
之中也不知道「美學」到底是何物。這種在日本學院派的學問尚沒
有形成以前，具有超前意識的新理論，對於從思想文化上使日本跨
入近代化國家的進程是具有啟蒙意義的，因此，兆民才選擇了去翻
譯這部美學著作。另外，從《維氏美學》作者維隆的社會政治觀點
和該書的指導思想上看，同兆民所主張社會政治觀點也十分相似，
翻譯出版這部著作對於宣傳民主思想、推動自由民權運動發展也有
一定促進作用，這也是兆民翻譯此書的一個原因。

　　維隆在兆民留法時期就已經是一個非常出名的學者和新聞報
界的人物了。他以文學教授的頭銜在大學任教。在帝政建立之後，
他毅然辭去了大學教授的職務，當了新聞報界的人士，給《國民評
論》、《社會教育評論》等雜誌報紙投稿。後來，又擔當了《自由》
《里昂進步》《共和法蘭西新聞》等報紙雜誌的編輯、主編，成了
法國新聞報界的活躍人物，從1865至1887年他發表了不下十幾部著
作。從這些論著中可以看出他是一位激進的民主共和主義者和社會
進化論者，也是重視實證科學的學者，非常關心社會時事政治問題，
特別是勞工和外交問題。在他的美學中，主張恢復民主共和的政治
制度。後來他又曾擔任了某地方美術館的監督官員，並且還兼任《藝
術新聞》的主編。

　　在《維隆美學》的原著作序言中，他提出了該書的指導思想：

　　　　針對當前由於空想和形式主義所造成的在歷史、哲學、教育
　　學和經濟學中缺少嚴格的科學精神的現象，我們需要根據科

學精神強調對藝術進行實證方法的研究，從而為人文學科確立一種科學性新變革的榜樣。

對此，他又說：

> 美學並不是形而上學家們在空想中所建立起來的學問，從柏拉圖以來，一直到現代的官方學院派的學說，都宣稱，藝術是某種極為精緻的空想和超脫現實的神秘靈感二者奇特的混合物，藝術的最高表現就是從現實事物的不動原型中發現某種神聖的理想的東西的活動。作者在本書中認為，這種空對空式的本體論思想，正是應當極力加以批判的。❹

因此，可以說《維氏美學》是對抗西方學院派的唯心主義的美學著作，作者在這裏想要建立一種科學實證的貼近現實社會生活的新的學說體系。綜上所述，兆民正是基於該書的這種立場觀點，希望利用藝術論即美學來為其社會政治目的服務，在藝術論上更貼近現實生活，才翻譯此書。

其次，兆民做為民權運動的理論指導者，非常重視文學藝術在民權運動中所起的作用，這也是他的美學思想的一個重要內容。在民權運動興起的初期，明治10年左右，在日本產生了大量反映民權運動內容的歌謠、記實報導、雜文、小說，甚至長篇創作小說。這些所謂民權文學藝術的興起，兆民起了指導和策劃作用。例如在兆民任主編的1881年的《東洋自由新聞》中，兆民就專門開闢出該報紙的第4版來刊登連載的民權小說，名叫《民權之鏡下的左助》，其

❹　E.Véron, *l'Esthétique*, p.81, 1878。

中描寫了在江戶幕府時代某地方大名統治下的農民們，不堪忍受其奴役壓迫，而發動起義鬥爭的故事。這是日本歷史上最早用報刊形式刊登的連載小說，這種排版和策劃是在兆民直接指導下進行的。後來他又在其主編的《政理叢談》的每期之中都一定要連載《法國革命記事故事》，在他參與並任主編的自由黨的機關報《自由新聞》(第一次)也採取了同樣的排版方法，每期都刊登民權文學作品。後來以此為契機，在下層民權運動中的法國派人物，開始翻譯出版著名法國作家維克多·雨果❹等人描寫法國大革命時期的所謂革命文學小說，這成為當時廣為人知的事實。其中這種利用文學小說來傳播自由民權思想的作法，在法語學校中的兆民起了點播火種的指導作用。在這種情況之下，出現了以植木技盛的《民權歌謠》為代表的有組織的地方民權文學。1887年7月在《大阪日報》題為〈擴張民權的方法〉的社論中，就把這種有組織的利用民權文學來為民權運動服務，作為擴張民權運動的一種好方法加以推廣。由此可見，在兆民的極力倡導下，在民權派人士中已經形成了重視文學藝術的良好氛圍。後來在尾崎行雄❹為《雪中梅》小說所寫的序言中，又把這種祇從簡單的「利用」觀點出發的藝術論又向前推進了一步，要求探討藝術本身的問題。尾崎行雄說：「把小說的人物情節不僅簡單的局限於為政治服務之中，這是小說的一大進步。」這時出現了對文藝創作追求更高的藝術效果的美學觀點。在這個意義上，兆民的《維氏美學》也是為滿足這種要求而出現的。祇是當時人們沒能理解這本書的內容。

再次，兆民提出自己獨立的美學藝術觀點的論文有三篇，發表

---

❹　維克多·雨果，Victor Hugo，1802–1885。

❹　尾崎行雄，日本近代政治家，1858–1954。

在 1889 年 3–4 月的《國民之友》上，後收集在《兆民選集》的第
119–122頁中，其順序分別為〈支援文學興趣論〉、〈文學的妙處在
於看穿社會的極致〉、〈文學的成熟之期〉。第一、三兩篇文章比較
短，僅 4–5 百字左右。其中他提出自己的兩個重要的美學觀點。第
一個觀點是，文學藝術應當表現和反映人類的情愛。他認為：

> 在英語中說的「拉夫」，法語中說的「阿姆爾」就是日語中所
> 說的人類的情愛真意，它是小說的精髓。❹

第二個觀點就是「文學的妙處在看穿社會的極致」。他認為，無論
誰都說文章是社會的真實寫照，然而社會自身的真相同它的極致是
有區別的。如果一位小說家，儘管他可以用新奇生動的手筆，去詳
細描寫出活生生的社會人生的真相實景，也可以由此獲得相當的藝
術名氣，但是，這種祇停留在社會表面現象上的東西，不免帶有一
種社會上庸俗陳腐的臭氣，還沒有能真正觸到社會本身所固有的高
雅、奇偉、雄壯的精華極致，因而也談不上是萬古流芳的真正藝術
品。所以，詩人、文人祇有在他們的作品中通過對社會各種各樣真
實人物情節的描繪，而真正觸到社會的極致境界之時，既在自己受
到感動的同時也能使他人同樣受到感動，從而達到一種自然而然超
出於現實社會水平之上的境界，這才可稱之謂美妙的有藝術價值的
東西。藝術雖說並非是以道德為主，但是如果不借助於道德也不可
能增加其藝術性，這是近代西方著名藝術批評家所常說的話，有人
以為是陳詞濫調，其實也並非如此。由此可見，兆民認為藝術首先
應當反映人類的真情實感，尤其是反映人類的情愛。其次，他認為
藝術的價值不僅在於它的真實性，反映描寫現實，而且應當表現人

❹　《兆民選集》，第119頁，岩波文庫本，1936。

類的政治理想和道德理念。藝術應體現真善美的統一，應通過感動自己而去感動別人，應追求一種人生和社會的終極的理想目標。上述的美學思想，不僅在理論上是深刻的，有一定的獨創性質，而且在實踐上，為日本確立現實主義和浪漫主義理想主義相結合的近代美學奠定了理論基礎，時至今日仍有深遠意義。

最後，兆民對文學藝術的關心，不僅來自他對西方美學思想理論的吸收引進方面，而且來自他對東方藝術的無比迷戀和熱愛方面。他除了對中國古代的詩歌和文章的寫作技巧十分迷戀，有很深的古文學素養以外，而且對日本的民間藝術、民間音樂像三味弦、長歌等十分迷戀，對日本傳統的藝術戲曲像淨琉璃等十分迷戀，可以說達到了廢寢忘食的投入程度。他讚美日本傳統戲曲的表演和演唱，聲音悠揚，曲調優美，動作優雅、講究，已經達到了出神入化，美妙神奇的高超境界。從青年時代起，他就對傳統的東方藝術十分崇拜，對自然美和藝術美有十分卓越高超的鑒賞能力。他甚至於把對傳統藝術是否熱愛提高到是否愛國愛民的高度來認識。在晚年有一次他看到自己的女兒千美子要到學校去學習西洋樂器小提琴時，心裏十分不高興地說：「日本人應當學習自己民族的音樂」，不願讓女兒去學西洋音樂。他自己也經常同自己的子女親人一起唱歌跳舞，迷戀於自己本民族的歌舞藝術以自樂。在大阪流亡期間，他還親自指導了一種叫「壯士芝居」的現代文明戲，大概是日本式的話劇前身吧，實際上這是宣傳自由民權的一種文藝形式，在藝術實踐上，這也算是他的一種獨創吧！總而言之，中江兆民可以說是同西周齊名的，在日本引進美學的啟蒙家和為日本現實主義美學奠定基礎的美學先驅者。就其美學思想同民權運動的關係上看，他又確實是日本民權文學藝術的指導者和策劃者之一。

全書結束語

　　哲學思想是時代的產物，也是時代的精華，中江兆民的哲學思想和自由民權的政治理論既是時代的產物，也是時代的精華，是日本明治時期唯物論哲學的最高峰。幸德秋水說的好，「和千萬瓦礫相比，它是一粒金剛石」❶，在日本哲學史上永放光輝。當他的《續一年有半》發表之後，引起了日本官方哲學界和宗教人士們的恐慌，群起而攻之。井上哲次郎發表了〈讀中江篤介氏的「續一年有半」〉；田中王堂發表了〈活動一元論和「續一年有半」〉；高橋五郎發表了〈無神無靈魂哲學駁論——一年有半和舊式唯物論〉；前田長太的〈一年有半的哲學與萬世不易的哲學〉；白石喜之助的〈評「續一年有半」〉 等等，幾乎形成了一邊倒的圍攻局面。這正說明了兆民的哲學是在鬥爭中成長的特點。可惜兆民去世了，不能回應其攻擊。

　　同那些經不住實踐和歷史考驗的、曇花一現的所謂時髦哲學和官方學院派哲學不同，隨著日本歷史的發展，民主化進程的高漲，在戰前的大正民主時期，和戰後民主改革時期，中江兆民的思想和業績一次又一次引起了日本學術界和文化界的重視，出現了日趨活躍的研究熱潮。自六〇年代以來，中江兆民的選集、全集陸續出版，

❶　《日本哲學全書》，第5卷，第275頁，第一書房，1937。

其中有《兆民選集》、《中江兆民集》這是戰前出版的；《明治文學集》中的《中江兆民集》1967年初版；《近代日本思想大系》中的《中江兆民集》筑摩書店1974年初版；《中江兆民全集》岩波書局1983–1986年17卷本版；有關中江兆民生平和思想研究介紹的論著也不斷呈現在廣大讀者面前。其中有土方和雄著的《中江兆民》(1958)，桑原武夫主編的《中江兆民研究》(1966)，松永昌三的《中江兆民》(1967)，《中江兆民的思想》(1970)等等。

兆民生前「磨禿了筆頭，說破了口舌」為之奔走奮鬥的民主制的政治理想，在他逝世後的近百年中，經歷了太多的曲折和一場幾乎陷日本亡國的不義的戰爭，終於在今天的日本基本實現了。今天日本社會改革的任務雖說已經發生了很大的變化，但是他所提出的民主化理論和維護世界永久和平的理想仍需不斷深化和擴大，如果能在更深的層次上和意義上加以切實實行，仍具有指導和啟發作用。另外，他所譯介和論述的歐美各國的政治、法律、歷史、倫理、美學的著作和他一生中所寫的大量著述，已經成為日本文明寶庫中的珍寶，時至今天，仍然是日本和亞洲各國人民進行物質文明和精神文明建設，提高全民族哲學素質的富有啟發性和指導性的精神食糧。

中江兆民一開始是作為一位憂國憂民的熱血青年，投身到爭取自由的民權運動和政治理論研究中來的。在他經歷了曲折的道路，遭受到常人難以想像和承受的各種打擊、挫折和失敗之後，為了不斷深化自己的理論以正確的指導自由民權運動，他深入地研究了中國古代哲學思想和西方哲學，特別是十八世紀的法國啟蒙哲學，在反對明治政府專制勢力的鬥爭中，展開了對其世界觀的哲學基礎宗教唯心論和實證論的批判，在這種批判中逐步形成了自己有獨立特色的唯物主義無神論哲學。在筆者的這本書中可以看出，中江兆民

的思想理論包括以下幾個主要內容，第一章講的是中江兆民的生平
著述。第二、三章主要論述和評介了他的激進的自由民權，即民主
主義的政治思想。第三章的第二節集中論述了他的以唯物主義為根
據的進化論的社會歷史觀，第四章主要論述和分析了他的唯物主義
無神論的思想，在第三節中對他的倫理學和美學思想做了簡介。筆
者在本書的寫作過程中，既要考慮到兆民思想理論本身內在的系統
性，又要考慮到兆民原著本身的邏輯性，所以在寫作過程中難免有
挂一漏萬和重複囉嗦之處。這是筆者需要說明和感到內疚的。

　　蒼鷹有時飛得比母雞還要低，但母雞永遠是母雞，決不會飛向
藍天。對於像兆民這樣具有遠大理想抱負和深刻思想的偉大巨人來
說，也不可能沒有缺點和歷史的局限性。例如他過份強調了政治方
法手段，即權謀和術的作用。有時甚至曾主張用侵略中國和朝鮮的
手段來達到實現民主民權的目的。對天皇本身抱有過多的不切實際
的幻想。在理論觀點上由於追求理想化而有過激的論述和許多論述
不清楚的地方，這些都有待進一步研究和發展完善。但是，在日本
總有那麼一些論者，就像巨人腳下的螻蟻一樣，拿著放大鏡去尋找
巨人前進中的所謂不足和錯誤，津津樂道地貶低兆民在哲學上的成
就和作用，歪曲兆民的思想觀點，對於兆民思想在日本乃至世界哲
學史和政治思想史中的重要貢獻視而不見。筆者寫作本書的目的之
一就在於回敬這些人們的歪曲和攻擊，還其兆民的本來面目。

　　在兆民在世之時，就有人說兆民的理論是陳舊的。兆民去世以
後這種評論更是肆無忌憚。他們的意思很清楚，就是說兆民的理論
沒有什麼新東西，都是已經過時的陳詞濫調。但是他們並沒有真正
認真地研讀兆民的原著，沒有真正全面準確地理解兆民的真意所在。
如果我們不帶有任何利益上、權勢上的偏見和成見，又認真的研讀

了兆民的著作，那麼就一定會發現，實際的情況正好相反。時間已經過去近百年了，不論在日本還是在世界各國，有許多號稱「新鮮的理論」，各式各樣的時髦的宗教唯心論、實證論都被無情地拋進了歷史的垃圾堆，但中江兆民所主張的唯物主義無神論和民主主義理論的原則卻永發光芒，在日本哲學史和政治思想史上占有極為特殊的地位。他說：「嗚呼！一年有半是漫長悠久的啊！」難道不正是指的這個意思嗎？

一九九八年三月二十日於瀋陽

後　記

　　這本名為《中江兆民》的書原本是經中國社會科學院哲學所的卞崇道教授的推荐，應《世界哲學家叢書》主編傅偉勳教授的邀請而撰寫的。因傅教授的不幸病故，聯絡中斷，我寫到一半就擱置下來了。直到去年秋冬收到東大圖書公司編輯先生的來信以後，連新年、春節都沒有敢停筆，趕寫本書，今天總算可以說一塊石頭落地了！

　　我是1943年出生，1968年畢業於吉林大學哲學系。1978年考入遼寧大學哲學系碩士研究生班，1981年畢業，從事外國哲學史的研究與教學工作直至今日，現任副教授，中華全國日本哲學學會副理事長。我的碩士畢業論文是《中江兆民的生平及其政治思想和哲學思想》。這篇論文的部份內容發表在1983年延邊大學學報增刊《東方哲學》上。1997年我又發表了《明治唯物論哲學的頂峰》的長篇論文，收集在由徐遠和和卞崇道主編的東方哲學與文化叢書之二的《風流與和魂》上，這些論文可以看做是這本書的一個雛形。

　　在撰寫此書的過程中，正巧碰上了我作為遼寧大學的訪問學者到日本富山大學進行學術交流，這時我得到了富山大學人文學部的三寶政美教授和小澤浩教授的無私幫助，他們為我提供了有關兆民的許多寶貴資料。其次，我得到了著名的日本哲學史研究學者王守

華和卞崇道兩教授的無私幫助和指導。同時我當研究生時的導師劉士勤教授對本書也給予了關心與指導。特別在成書的最後階段，我的妻子康文香，愛子畢岩和畢波，電腦打字員邱瑾小姐及王小東小姐對於本書的打印、校對、電傳都傾注了不少的心血。當然最後如果沒有東大圖書公司的諸位同仁的努力工作，這本書也是不能面世的。借此機會，對上述諸位師長友人的鼎力相助，熱心指導，我表示由衷的感謝！

拙著，是同諸位讀者見面了，但它是玉是瓦還有待海內外各方人士不吝賜教。

畢小輝

於瀋陽・遼寧大學

一九九八年三月二十日

年　表

1847年11月1日

　　中江兆民原名篤助，生於四國島土佐藩高知城下新町一個下級
　　武士的家庭。根據戶籍謄本所記，另一說法是他生於10月10日。

1862年4月

　　藩校文武館開創，他同時入校學習儒學和洋學。

1864年9月

　　他離開故鄉，以土佐留學生的身份到長崎學習英語和法語。

1867年3月

　　他從長崎到江戶（東京）去學習法語。曾給法國公使當過翻譯
　　官。

1869年2月

　　曾在日新社和大學南校（東京大學的前身）當青年教師，教授法
　　語。

1871年10月

　　經大久保利通等人的大力幫助，他以司法省留學生的身份被派
　　到法國留學。

1874年5月

　　他從法國回國。10月在東京創辦了法語學校，稱為「法學塾」。

1875年2月

他被文部省任命為東京外國語學校校長，因同上級辦學指導思想不一致，5月被迫辭職。後又被任命為元老院少權書記官，負責外語翻譯工作。

1877年1月

因同幹事陸奧宗光意見不和，他又辭去元老院的官職，回到法語學校從事教學和翻譯工作。由司法省出版了他的譯著《德國財產繼承法》和《英國財產繼承法》。同年他還研究漢學。

1879年

由司法省出版了他的譯著《法國訴訟法原論》。

1881年3月

《東洋自由新聞》創刊，他當了主編，因政府的鎮壓政策，該報紙僅存在43天就被迫停刊。

1882年2月

他又創辦了《政理叢談》，從第7號起改為《歐美政理叢談》。6月第一次《自由新聞》創刊，他當上了社論撰稿人之一。10月出版了他的《民約譯解》。

1883年8月

由日本出版會社出版了他的譯著《非開化論》，11月由文部省出版了他的譯著《維氏美學》上冊。12月《歐美政理叢談》出版到第55號時就被迫停刊了。

1884年3月

由文部省出版了《維氏美學》的下冊。

1886年4月

由文部省出版了他的譯著《理學沿革史》(即哲學史) 上下兩冊。

6月由集成社出版了他的編譯著作《理學鉤玄》(即哲學概論)。
12月由集成社出版了他的《革命前法朗西二世紀事》。 同年他
的法學塾停辦。

1887年5月

由集成社出版了他的《三醉人經綸問答》。8月出版了《平民的
覺醒》。11月出版了《法語日本語辭典》。12月因替自由黨領導
人後藤象二郎起草關於三大事件的建議書等事情，政府根據
「保安條例」將他驅逐出東京，移居到了大阪。

1888年1月

他創立了《東雲新聞》， 擔任了主編。11月由盛業館出版了他
的《國會論》一書。

1890年4月

由金港堂出版了他的《選舉人的覺醒》。 10月他擔任了復刊之
後的第二次《自由新聞》的主編。同年他還被選為首屆國會眾
議院的議員，回到了東京。

1891年2月

因對政府和新憲法的不滿，對自由黨議員屈從政府的痛心和失
望，他決定辭去議員，退出政界和文壇，從事經商辦實業活動。
曾到北海道等地搞山林業， 造紙業等。

1894年3月

由文部省出版了他譯的叔本華著作《道德大原論》上下兩冊。

1899年9月

他參加了常野鐵路的投資和建設，最後以失敗而告終。

1900年8月

他不顧其學生幸德秋水的反對，參加了帝國主義性質的主張侵

　　略戰爭的組織國民同盟會。11月出現了喉頭癌的先兆。

1901年4月

　　被診斷為癌症並告之有一年半的生存時間，他靠幸德秋水的幫助開始寫《一年有半》，8月由博文館出版。10月《續一年有半》也出版了。12月13日午後7時30分他在東京小石川區武島町自宅中安然逝世，享年54歲。12月16日在青山火葬場舉行了無任何宗教內容的告別儀式，社會各界人士約500多人出席。

附　錄：中江兆民的主要著譯和參考文獻

一、主要著譯

《普魯士財產繼承法》，聖約瑟夫原著，司法省出版，1877年。

《英國財產繼承法》，聖約瑟夫原著，司法省出版，1877年。

《法國訴訟法原論》（全四冊），波埃尼原著，司法省出版，1879年。

《民約譯解》（即《社會契約論》）卷一，盧梭原著，法蘭西學塾出版局，1882年。

《非開化論》，盧梭原著，上下二冊，日本出版公司，上冊1883年，下冊1884年。

《維氏美學》，維隆原著，上下二冊，文部省編輯局，1883年。

《理學沿革史》，富耶原著，上下二冊，文部省編輯局，1886年。

《理學鉤玄》（編著），集成社，1886年。

《革命前法蘭西二世紀事》，集成社，1886年。

《三醉人經綸問答》，集成社，1887年。

《平民的覺醒》（一名《國會的心得》），磯部文昌堂，1887年。

《國會論》，盛業館，1888年。

《選舉人的覺醉》，金港堂，1890年。

《憂世慨言》，駸駸堂，1890年。

《放言集》，出版社不詳，1892年。

《四民的覺醒》，東京印刷公司，1892年。

《道德大原論》（即《倫理學大綱》），叔本華原著，根據1841年法
　　譯本重譯，上下二冊，一二三館，1894年。

《一年有半》，博文館，1901年。

《續一年有半》，博文館，1901年。

《警世放言》，松邑三松堂，1902年。

《兆民文集》，日高有倫堂，1910年。

《筆狀在舌狀在》，三德社，1922年。

《兆民文集》，改造社改造文庫，1929年。

《一年有半・續一年有半》，嘉治隆一編，岩波文庫，1936年。

《兆民選集》，嘉治隆一編，岩波文庫，1936年。

《三醉人經綸問答》，桑原武夫等校注，現代語譯，1986年

《增補兆民文集》，幸德秋水編，宗高書房，1965年

《明治文學全集13・中江兆民集》，林茂編，筑摩書房，1967年。

《日本的名著36・中江兆民》，河野健二編，中央公論社，1970年。

《近代日本思想大系3・中江兆民集》，松永昌三編，筑摩書房，1974
　　年。

《中江兆民全集》（全17卷），岩波書店，1986年出齊。

《一年有半・續一年有半》，中江兆民著，吳藻溪譯，商務印書館，
　　1979年中文譯本。

二、重要參考文獻

幸德秋水：《兆民先生》，博文館，1902年。

永田廣志：《日本唯物論史》，白楊社，1936年。

嘉治隆一：〈中江篤介〉（收於《創造歷史的人們》，大八洲出版公司，1948年）

小島佑馬：《中江兆民》，弘文堂雅典娜文庫，1949年。

石田鈴子：〈中江兆民〉，（收於日本歷史講座近代篇一》，河出書房，1952年。

平尾道雄：〈中江兆民及其時代〉（高知《縣民俱樂部》，1952年）

嘉治隆一：《中江兆民》，國土社，1956年。

林茂：〈中江兆民〉（收於《近代日本的思想家》），岩波書店，1958年。

土方和雄：《中江兆民》，東京大學出版會，1958年。

井上清：《中江兆民》，收於《朝日雜誌》，第4卷23號1962年。

桑原武夫編：《中江兆民研究》，岩波書店，1966年。

松永昌三：《中江兆民》，柏書房，1967年。

松永昌三：《中江兆民的思想》，青木書店，1970年。

松永昌三：〈中江兆民主義的歷史地位〉（收在《史潮》第113號1974年）

朱謙之：《日本哲學史》，第七章，明治唯物主義思想家一節，三聯書店（內部發行），1964年。

劉及辰：〈中江兆民的唯物主義哲學思想〉收於《外國哲學史論文集》第一輯，山東人民出版社，1979年。

王守華、卜崇道編：《日本哲學史教程》第七章第三節〈中江與中江主義〉，山東大學出版社，1988年。

李今山：〈中江兆民〉收於《日本近代十大哲學家》一書，上海人民出版社，1989年。

畢小輝：〈明治唯物論哲學的頂峰〉收於東方哲學與文化叢書之二：《風流與和魂》一書），瀋陽出版社，1997年。

索　引

五劃

六劃

七劃

八劃

十劃

十一劃

十二劃

十三劃

世界哲學家叢書（一）

書　　　　　名	作　　　者	出　版　狀　況
孔　　　　　子	韋　政　通	已　　出　　版
孟　　　　　子	黃　俊　傑	已　　出　　版
荀　　　　　子	趙　士　林	排　　印　　中
老　　　　　子	劉　笑　敢	已　　出　　版
莊　　　　　子	吳　光　明	已　　出　　版
墨　　　　　子	王　讚　源	已　　出　　版
公　孫　龍　子	馮　耀　明	排　　印　　中
韓　　　　　非	李　甦　平	已　　出　　版
淮　　南　　子	李　　　增	已　　出　　版
董　　仲　　舒	韋　政　通	已　　出　　版
揚　　　　　雄	陳　福　濱	已　　出　　版
王　　　　　充	林　麗　雪	已　　出　　版
王　　　　　弼	林　麗　真	已　　出　　版
郭　　　　　象	湯　一　介	已　　出　　版
阮　　　　　籍	辛　　　旗	已　　出　　版
劉　　　　　勰	劉　綱　紀	已　　出　　版
周　　敦　　頤	陳　郁　夫	已　　出　　版
張　　　　　載	黃　秀　璣	已　　出　　版
李　　　　　覯	謝　善　元	已　　出　　版
楊　　　　　簡	鄭　曉　江 李　承　貴	已　　出　　版
王　　安　　石	王　明　蓀	已　　出　　版
程　顥　、　程　頤	李　日　章	已　　出　　版
胡　　　　　宏	王　立　新	已　　出　　版
朱　　　　　熹	陳　榮　捷	已　　出　　版
陸　　象　　山	曾　春　海	已　　出　　版

世界哲學家叢書（二）

書　　　　　名	作　　　者	出　版　狀　況
王　廷　相	葛　榮　晉	已　　出　　版
王　陽　明	秦　家　懿	已　　出　　版
方　以　智	劉　君　燦	已　　出　　版
朱　舜　水	李　甦　平	已　　出　　版
戴　　震	張　立　文	已　　出　　版
竺　道　生	陳　沛　然	已　　出　　版
慧　　遠	區　結　成	已　　出　　版
僧　　肇	李　潤　生	已　　出　　版
吉　　藏	楊　惠　南	已　　出　　版
法　　藏	方　立　天	已　　出　　版
惠　　能	楊　惠　南	已　　出　　版
宗　　密	冉　雲　華	已　　出　　版
永　明　延　壽	冉　雲　華	排　　印　　中
湛　　然	賴　永　海	已　　出　　版
知　　禮	釋　慧　岳	已　　出　　版
嚴　　復	王　中　江	已　　出　　版
康　有　為	汪　榮　祖	已　　出　　版
章　太　炎	姜　義　華	已　　出　　版
熊　十　力	景　海　峰	已　　出　　版
梁　漱　溟	王　宗　昱	已　　出　　版
殷　海　光	章　　清	已　　出　　版
金　岳　霖	胡　　軍	已　　出　　版
張　東　蓀	張　耀　南	已　　出　　版
馮　友　蘭	殷　　鼎	已　　出　　版
湯　用　彤	孫　尚　揚	已　　出　　版

世界哲學家叢書（三）

書　　　　　　名	作　　　者	出　版　狀　況
賀　　　　　　麟	張　學　智	已　　出　　版
商　　羯　　羅	江　亦　麗	已　　出　　版
辨　　　　　　喜	馬　小　鶴	已　　出　　版
泰　　戈　　爾	宮　　　靜	已　　出　　版
奧羅賓多・高士	朱　明　忠	已　　出　　版
甘　　　　　　地	馬　小　鶴	已　　出　　版
尼　　赫　　魯	朱　明　忠	已　　出　　版
拉達克里希南	宮　　　靜	已　　出　　版
李　　栗　　谷	宋　錫　球	已　　出　　版
道　　　　　　元	傅　偉　勳	已　　出　　版
山　鹿　素　行	劉　梅　琴	已　　出　　版
山　崎　闇　齋	岡　田　武　彥	已　　出　　版
三　宅　尚　齋	海老田輝巴	已　　出　　版
貝　原　益　軒	岡　田　武　彥	已　　出　　版
石　田　梅　岩	李　甦　平	已　　出　　版
楠　本　端　山	岡　田　武　彥	已　　出　　版
吉　田　松　陰	山　口　宗　之	已　　出　　版
中　江　兆　民	畢　小　輝	已　　出　　版
柏　　拉　　圖	傅　佩　榮	已　　出　　版
亞里斯多德	曾　仰　如	已　　出　　版
伊　壁　鳩　魯	楊　　　適	已　　出　　版
柏　　羅　　丁	趙　敦　華	已　　出　　版
伊本・赫勒敦	馬　小　鶴	已　　出　　版
尼古拉・庫薩	李　秋　零	已　　出　　版
笛　　卡　　兒	孫　振　青	已　　出　　版

世界哲學家叢書（四）

書　　　　　名	作　　　者	出　版　狀　況
斯　賓　諾　莎	洪　漢　鼎	已　　出　　版
萊　布　尼　茨	陳　修　齋	已　　出　　版
牛　　　　　頓	吳　以　義	排　　印　　中
托　馬　斯・霍布斯	余　麗　嫦	已　　出　　版
洛　　　　　克	謝　啓　武	已　　出　　版
巴　　克　　萊	蔡　信　安	已　　出　　版
托　馬　斯・鋭德	倪　培　民	已　　出　　版
梅　　里　　葉	李　鳳　鳴	排　　印　　中
伏　　爾　　泰	李　鳳　鳴	已　　出　　版
孟　德　斯　鳩	侯　鴻　勳	已　　出　　版
施　萊　爾　馬　赫	鄧　安　慶	排　　印　　中
費　　希　　特	洪　漢　鼎	已　　出　　版
謝　　　　　林	鄧　安　慶	已　　出　　版
叔　　本　　華	鄧　安　慶	已　　出　　版
祁　　克　　果	陳　俊　輝	已　　出　　版
彭　　加　　勒	李　醒　民	已　　出　　版
馬　　　　　赫	李　醒　民	已　　出　　版
迪　　　　　昂	李　醒　民	已　　出　　版
恩　　格　　斯	李　步　樓	已　　出　　版
馬　　克　　思	洪　鎌　德	已　　出　　版
約　翰　彌　爾	張　明　貴	已　　出　　版
狄　　爾　　泰	張　旺　山	已　　出　　版
弗　洛　伊　德	陳　小　文	已　　出　　版
史　賓　格　勒	商　戈　令	已　　出　　版
韋　　　　　伯	韓　水　法	已　　出　　版

世界哲學家叢書（五）

書　　　　　　名	作　　　者	出　版　狀　況
胡　　塞　　爾	蔡　美　麗	已　　出　　版
馬克斯・謝勒	江　日　新	已　　出　　版
海　　德　　格	項　退　結	已　　出　　版
高　　達　　美	嚴　　平	已　　出　　版
哈　伯　馬　斯	李　英　明	已　　出　　版
榮　　　　　格	劉　耀　中	已　　出　　版
皮　　亞　　傑	杜　麗　燕	已　　出　　版
索洛維約夫	徐　鳳　林	已　　出　　版
費奧多洛夫	徐　鳳　林	已　　出　　版
別爾嘉耶夫	雷　永　生	已　　出　　版
馬　　賽　　爾	陸　達　誠	已　　出　　版
阿　　圖　　色	徐　崇　溫	排　　印　　中
傅　　　　　科	于　奇　智	排　　印　　中
布　拉　德　雷	張　家　龍	已　　出　　版
懷　　特　　海	陳　奎　德	已　　出　　版
愛　因　斯　坦	李　醒　民	已　　出　　版
皮　　爾　　遜	李　醒　民	已　　出　　版
玻　　　　　爾	戈　　革	已　　出　　版
弗　　雷　　格	王　　路	已　　出　　版
石　　里　　克	韓　林　合	已　　出　　版
維　根　斯　坦	范　光　棣	已　　出　　版
艾　　耶　　爾	張　家　龍	已　　出　　版
奧　　斯　　丁	劉　福　增	已　　出　　版
史　　陶　　生	謝　仲　明	已　　出　　版
馮　・　賴　特	陳　　波	已　　出　　版

世界哲學家叢書（六）

書 名	作 者	出 版 狀 況
赫　　　　爾	孫　偉　平	已　　出　　版
魯　　一　　士	黃　秀　璣	已　　出　　版
詹　　姆　　士	朱　建　民	已　　出　　版
蒯　　　　因	陳　　波	已　　出　　版
庫　　　　恩	吳　以　義	已　　出　　版
史　蒂　文　森	孫　偉　平	已　　出　　版
洛　　爾　　斯	石　元　康	已　　出　　版
海　　耶　　克	陳　奎　德	排　　印　　中
喬　姆　斯　基	韓　林　合	已　　出　　版
馬　克　弗　森	許　國　賢	已　　出　　版
尼　　布　　爾	卓　新　平	已　　出　　版